다뉴경과 고조선

동양학 문화총서 2

다뉴경과 고조선

이 청 규 지음

단국대학교 동양학연구원 편

단국대학교출판부

간행사

단국대학교 동양학연구원은 1970년 설립된 이래 한국문화를 기축으로 한·중·일 3국의 역사와 문화를 연구하고, 연구한 성과들을 다양한 연구서로 간행하여 학계에 제공해오고 있습니다. 연 4회에 걸쳐 학술지로 『동양학』을 간행하는 것을 비롯하여, 학계에서 쟁점이 되는 주제를 단행본으로 발간하거나 희귀한 자료들을 발굴 번역하여 『동양학총서』, 『동양학연구총서』, 『동양학학술총서』, 『동양학번역총서』 등의 이름으로 간행하고 있습니다.

이러한 연구 사업과 함께 지난 2008년에는 『한국한자어사전』(전 4권)과 『한한대사전』(전 16권)을 편찬하였습니다. 이는 30여 년에 걸쳐 이루어낸 대사업이었고, 세계 최대 한자어사전으로, 또 세계 문화사에 크게 공헌한 업적으로 평가받고 있습니다. 40여 년에 걸친 연구활동과 사전편찬으로, 동양학연구원은 한국에서는 물론이고 한·중·일을 중심으로 한 동아시아에서도 동양학 연구를 선도하는 대표적인 연구기관이라는 명성과 위상을 갖고 있습니다.

동양학연구원의 학술연구와 사전편찬은 동양학 연구와 발전에 크게 기여한 업적이었습니다. 그러나 동양학 관련 전문 연구자들을 위한 연구에만 치중되었다는 지적과 조언이 없지 않았습니다. 이에 동양학연구원에서는 전문적인 학술연구와 더불어 일반 대중들이 동양의 역사와 문화에 쉽게 접근하고 이해할 수 있는 『동양학문화총서』를 간행하기로 기획하였습니다. 그 두 번째 작품으로 『다뉴경과 고조선』을 간행하게 되었습니다.

잘 알려져 있듯이, 다뉴경은 청동기시대를 상징하는 동시에 고조선의 대표적 유물입니다. 지난 2011년 동양학국제학술회의에서 영남대학교 이청규 교수가 「동아시아지역에서의 다뉴경 부장묘의 전개」라는 논문을 통해, 다뉴경의 기원과 문양, 발전 과정, 변천과 그 분포, 그리고 다뉴경이 출토되는 무덤의 특징과 다뉴경을 제작하였던 고조선 사회의 성격을 소상하게 정리하여 발표하였습니다. 이는 다뉴경의 전모를 파악할 수 있는, 그리고 다뉴경을 통해 고조선 사회를 이해할 수 있는 내용이었습니다.

이청규 교수의 연구는 다뉴경은 물론이고 고조선을 이해하는 데 귀중한 성과로, 이를 전문연구자 뿐만 아니라 일반인들에게도 제공할 필요가 있다는 생각을 갖게 되었습니다. 이에 이청규 교수에게 일반인들이 쉽게 접근하고 이해할 수 있도록 더욱 상세한 설명과 자료를 보충하여 줄 것을 부탁하였습니다. 이러한 뜻을 이청규 교수가 흔쾌히 받아들이고, 다뉴경의 전모와 고조선 사회를 이해할 수 있도록 원고를 작성하여 주셨습니다.

동양학연구원에서는 이를 『다뉴경과 고조선』이란 제목으로, 『동양학문화총서』 제2권으로 발간합니다. 이는 전문연구자들보다는 일반인들을 대상으로 한 것입니다. 이 책을 통해 일반인들이 다뉴경, 그리고 고조선에 대해 쉽게 이해할 수 있게 될 것이라 생각합니다. 번거로움을 마다 않으신 이청규 교수에게 감사의 말씀을 드립니다.

『동양학문화총서』는 동양학을 연구하는 전문 학자들에게는 귀중한 자료가 될 것이고, 일반인들에게는 동양의 문화를 쉽게 접근하고 이해할 수 있는 연구 성과가 될 것이라 생각합니다. 그리고 동양학연구원으로서는 그동안 전문 연구자들을 대상으로 하던 연구에서 일반인들을 대상으로 관심의 폭을 확대시키는 계기가 될 것입니다. 『동양학

문화총서』를 기획하고 간행할 수 있도록 물심양면으로 도움을 주신 단국대학교 장호성 총장님을 비롯하여, 어려운 출판을 담당해주신 단국대 출판부 관계자 여러 분들께 감사한 마음을 전합니다.

2015년 봄을 기다리며

단국대학교 동양학연구원장 한 시 준

목 차

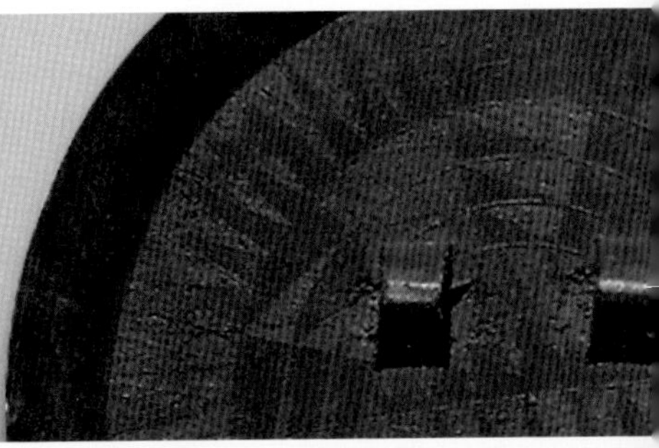

서 론

한반도를 중심으로 발견되는 다뉴경 혹은 다뉴 기하학문경은 독특한 형식과 정교한 문양을 가진 청동기이다. 기원전 1천년기 거의 전 기간에 걸쳐 제작 보급된 것으로, 지금까지 1900년대 초부터 100년동안 중국 동북 지역 · 한반도 · 일본열도에 걸쳐 총 120여 점이 발견되었다. 동검과 함께 우리의 청동기를 대표하는 유물로서 동검이 전사의 무기인 것과 달리 제사장의 의기로서 널리 이해되고 있다.

그러한 다뉴경에 대해서 논의할 수 있는 주제는 분석의 대상에 따라서 크게 세 가지로 정리할 수 있다. 첫째는 다뉴경 실물 자체, 두 번째는 다뉴경이 출토하는 무덤 유구, 그리고 세 번째는 다뉴경의 공간적 분포와 시간적 변천과 관련된다. 이 세 가지 대상과 관련한 다양한 논의에 대해서 총체적으로 기술하고자 하는 것이 이 책의 내용이다. 이를 구체적으로 살펴보면 다음과 같다.

첫째의 경우 육안으로 관찰이 가능한 다뉴경의 속성에 관한 것으로 이는 다시 형식론과 제작 사용론으로 구분할 수 있다. 형식에 대해서는 상위, 중위, 하위의 위계적인 분류가 가능한데, 각각 그를 통해서 설명할 수 있는 사회문화적인 수준이 다른 것으로 판단된다. 상위 형식에 대해서는 조문경과 세문경의 2대 혹은 조문경, 조세문경, 세문경의 3대의 분류가 학계에 제시되고 있는 바, 이에 대해서 검토하고 그중에서 보다 많은 설명을 할 수 있는 안을 찾고자 한다. 중위와 하위의 형식을 살핌에 중요시되는 것은 거울 뒷면의 기하학 무늬로서 그중에 전체 문양을 구성하는 단위 문양의 존재가 관심의 대상이 되어 왔다. 단위 문양의 형태와 그 조합에 대해서 다양한 변이가 있음을 몇몇 연구자들에 의해 설명 되었는 바, 그 제작 장인 혹은 집단의 동태를 살피는 단서일 가능성이 높아 이에 대해서 보다 세밀하게 살펴보고자 한다.

거울의 제작 기술과 사용에 대해서는 직접 관찰이 어려우므로, 간접적인 자료를 통해서 접근할 수밖에 없다. 우선 전자의 경우 합금과 주조과정이 있는데, 합금 제작은 자연과학적 성분 분석을 통하여 어느 정도 설명이 가능하다. 주조과정은 거푸집 제작, 그리고 주탕과 마무리의 작업과정이 있는 바, 거푸집과 동경 실물 자료를 근거로 논의할 수 있다. 그러나 실물 자료가 전하지 않는 세문경의 경우 그 제작기술에 대해서 논란이 많다. 그 사례가 많지 않지만 일부 동경 실물의 현미경적 관찰과 제작 실험을 한 사례를 검토하여 나름대로 정리하고자 한다.

사용방법과 관련해서 고고학적으로 확인되는 것은 무덤에 부장 혹은 매납되어 이를 통하여 죽은 사람을 위한 상징 맥락이다. 살아있는 사람의 사용에 대해서는 그 직접적인 자료가 없으므로, 동북아시아를 중심으로 고대로부터 근대에 이르기까지 사용한 사례가 전하는 역사적 기록이나 민속학적 자료를 검토할 것이다. 다뉴경과 동일한 형태의 사례는 아니지만 간접적으로나마 추정할 수 있는 자료라고 판단된다.

다뉴경은 그 대부분 무덤에서 출토한다. 당시 청동기는 귀한 유물로서 일정 신분 이상의 사람이 소유할 수 있음은 여러 측면에서 분명하다. 그중에 상대적으로 난이도가 높은 기술로 제작되는 다뉴경은 더욱 그러한 바, 무덤에서 어떠한 맥락에서 다뉴경이 출토하였는지 살펴보는 것은 묻힌 사람의 사회적 지위와 성격을 이해하는데 도움이 되리라고 판단된다. 한편 다뉴경을 제작보급한 지역집단 혹은 정치체가 기원전 1천년기로서 우리나라 역사 여명기이다. 이 시기에는 고조선이 성장 발전할뿐만 아니라, 그 주변에 부여, 진국 혹은 한은 물론 왜가 등장한다. 그럼에도 불구하고 다뉴경에 대해서 직접 그러한 역사적 실체와 맞물려 설명한 적은 거의 없다시피 하다.

무엇보다 다뉴경을 무덤에 부장한 사람들은 당시 실력자로서 '국'과 '읍락'의 우두머리, 혹은 chiefdom society의 수장(족장, 군장, 추장) 등으로 불릴만하다. 이러한 점을 고려하여 이 글에서는 논지에 많은 문제가 있음을 알고 있으면서 다뉴경의 역사적 배경에 대해서도 설명할 것이다. 이에 대해서는 금후 연구를 통하여 수정 보완하고자 한다.

끝으로 필자가 기왕에 쓴 다음의 글을 바탕으로 이 글이 작성되었는데, 다뉴경의 형식 분류와 분포, 그리고 역사적 배경의 상당한 부분은 이를 발췌하고 수정하였음을 밝혀둔다. 그러나 그 조사과정, 제작과 사용, 그리고 부장의례 등에 대해서는 새롭게 쓴 것이다.

「동북아지역의 다뉴경과 그 부장묘에 대하여」, 『한국고고학보』 40, 한국고고학회, 1999.

「'국'의 형성과 동경부장묘」, 『선사와고대』 14, 한국고대학회, 2000.

「청동기를 통해 본 고조선과 주변사회」, 『북방사논총』 6, 고구려연구재단, 2005.

「다뉴경 형식의 변천과 분포」, 『한국상고사학보』 67, 한국상고사학회, 2010.

제1장
다뉴경과 그 연구

1. 다뉴경의 이해

거울은 빛의 반사를 통해 물체를 비추어 보는 도구이다. 오늘날 우리가 널리 사용하는 거울은 판유리 뒷면에 수은 아말감을 칠해서 만든 것이다. 이러한 거울은 조선시대 후기 이후에 유행하였으며 그 이전에는 청동으로 만든 것이 일반적이다. 청동거울은 유리거울과 달리 불투명한 금속의 반사 성질을 이용한 것으로 거울 전면을 평편하게 마연하여야 그 기능을 발휘할 수 있다. 그러한 청동거울은 고려, 조선시대는 물론 삼국시대에도 제작되었지만 그 상한은 기원전 1천년기 초 청동기시대로 거슬러 올라간다.

기원전 1천년기에 제작된 청동거울은 1910년대 일제강점기에 발견되기 시작해서 2010년대에 이르기까지 중국 동북 지역과 한반도, 그리고 일본 열도에 걸쳐 120여 점이 발견되었다. 직경은 소형의 경우 8cm, 대형의 경우 25cm 정도인 원형으로 거울 앞면은 약간 오목하거나 평편하게 제작된 것으로, 외곽으로 돌아가며 단면 반원형 혹은 사다리꼴, 삼각형의 테두리가 조성되었다. 뒷면에 2개 또는 3개의 꼭지가 달려 있어 다뉴경(多鈕鏡)이라는 이름이 붙게 된 것이다.

무엇보다도 가장 큰 특징은 뒷면에 장식된 복잡하고 정교한 기하학적 무늬로 당시 중국에서 발견되는 청동거울에 장식된 신수(神獸), 신선 등을 형상화한 무늬와 전혀 다르다. 이러한 기하학무늬 거울로 가장 이른 예가 중원에도 있지만 유목 집단의 중국 북방문화권 여러 곳에서 출토한 사례도 있다(그림 1-1).

기원전 1천년기는 동아시아 지역에서 청동기가 본격적으로 제작되어 사용되기 시작한 시대로 당시에 구리, 주석 등의 광물을 합금한 청동 쇳물을 만들어 거푸집에 부어 주조하는 기술은 일부 전문 장인만이 보유한 것이었다. 더욱이 복잡 정교한 기하학무늬가 장식되어 있는 청동거울의 모양을 만들고 무늬를 새기는 작업은 당대의 첨단기술을 최대한 활용한 것이다.

청동거울의 시공간적인 변천과 분포를 살피는 데 결정적인 근거는 뒷면의 문양 형태와 그 구성이다. 거울 전면에 걸쳐 Z자 무늬를 연속으로 시문한 것이 있는가 하면, 동심원으로 문양대를 2-3개 구획한 다

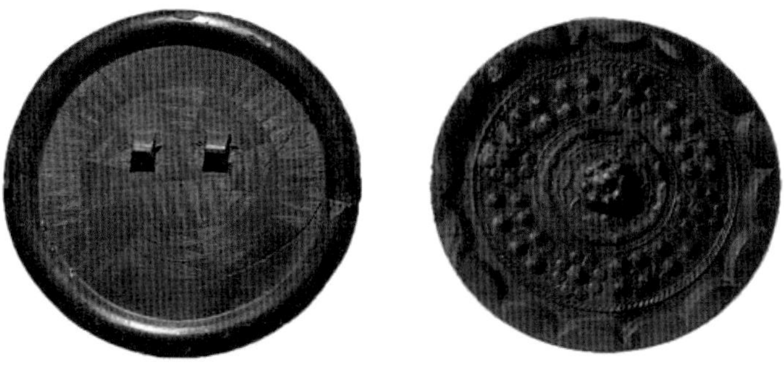

그림 1-1 한국 다뉴세문경과 중국 전한경

음 정교한 삼각형과 사각형에 세선의 평행집선문을 채운 단위 문양으로 복잡하게 조합한 형식도 있다.

많은 연구자들이 그 문양을 지표로 하여 형식을 분류하여 설명하고 있는데, 일차로 무늬가 거친 조문경(粗文鏡)과 정교한 세문경[細文鏡, 정문경(精文鏡)]으로 구분하고, 조문경은 다시 대체로 Z자 무늬의 거울과 거치문(鋸齒文) 삼각형과 사각형으로 조성된 거울로 세분할 수 있다.[1] 이들 거울은 시간의 흐름에 따라 형식이 변하면서 그 보급되는 공간에도 일정한 변화를 보여주고 있어 이를 제작 공급하고 소유 사용하는 지배층과 지역 집단의 동향을 살피는 중요한 근거가 된다. 조문경은 요서(遼西), 조세문경은 길림(吉林) 지역과 한반도 서부, 그리고 세문경은 한반도와 일본 규슈(九州)에 주로 분포하는 바, 당대에 이 지역에 성장 발전한 지역 집단의 동향을 반영한다.

청동거울이 보급되는 기원전 1천년기에는 역사적으로 보아 고조선(古朝鮮)을 비롯하여 부여(夫餘), 진국(辰國) 등이 있는데, 이들은 우리나라 최초의 '국(國)' 혹은 국가이다. 이에 대한 기록이 충분치 않아 지금도 그 시공간적 범위는 물론 사회적 성격에 대해서 논란이 있다. 이를 뒷받침하는 고고학 자료로써 청동거울이 적극 활용될 수 있는 바, 그것은 다음 2장에서 기술하였듯이 그것이 갖는 종교와 권력의 상징성 때문이다.

고대의 역사 기록에 해와 달을 상징하는 신물(神物)로 이해되고, 근대에 전하는 남부 시베리아와 몽고 만주 일대의 샤만의 복장에 매단 거울의 사례로 보아 다뉴경은 제사장의 신기(神器)로써 사용되었을 가능성이 높은 것이다.

---

1) 후자를 조세문경(粗細文鏡)이라고 부르기도 하는 바, 이글에서는 조문경을 A형, 조세문경을 B형, 그리고 세문경을 C형경이라 하고자 한다.

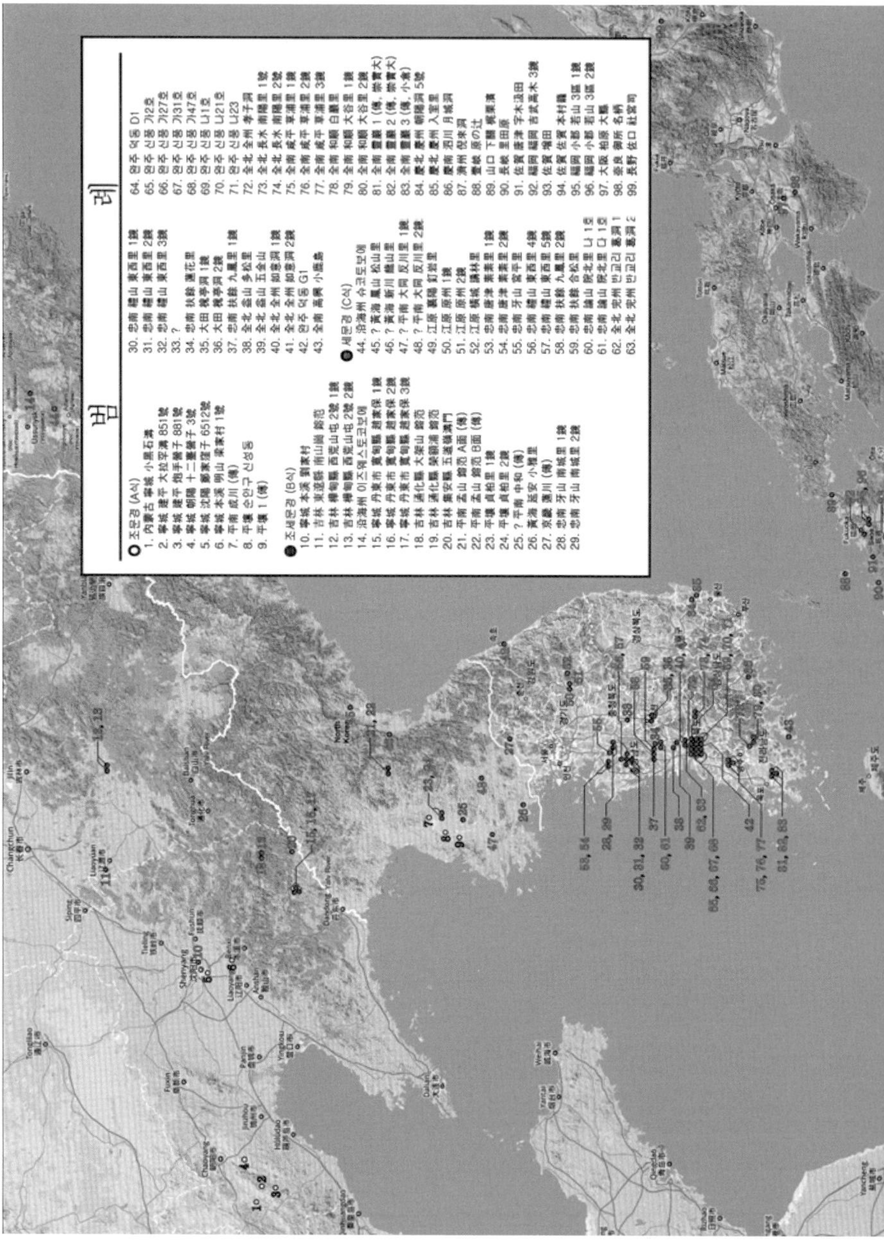

그림 1-2 다뉴경의 분포 지도

당대의 귀한 위세품(威勢品)이면서 신기로 죽은 사람의 무덤에 함께 부장되었기 때문에 거울의 크기와 숫자, 그리고 거울 자체의 상태는 물론 묻혀진 방식을 살펴봄으로써 장송 의례와 관련된 관행과 무덤 주인공의 사회적 신분을 이해할 수 있다고 생각된다.

2. 다뉴경의 조사(그림 1-2)

1910년대부터 시작해서 지금까지 100여 년 동안 발견된 다뉴경은 총 120여 점이 전한다. 그 중 상당수는 우연히 발견된 것이지만, 1960년대부터 수습 조사를 통해서 당초 부장(副葬)되거나 매납(埋納)된 상황이 일부나마 밝혀지는 사례가 늘게 된다. 그러다가 2000년대에 이르면 원래의 무덤 상태 그대로 발굴 조사되어 거울이 부장된 구체적인 상황도 알려지게 된다. 이러한 다뉴경의 조사 사례에 대하여 1950년대 이전은 40년, 1950-60년대 20년, 그리고 70년대 이후는 10년을 단위로 하여 각 시기별로 살펴보면 다음과 같다.

표 1-1 다뉴경 조사 사례

번호	유적	형식	크기	연도	보고서
1950년 이전					
1	山口 下關 梶栗濱	C	8.8	1913	1927 三本六爾
2	奈良 御所 名柄	C	15.6	1918	1943 後藤守一
3	慶北 慶州 入室里	C	13.3	1921	1925 朝鮮總督府
4	沿海州 슈코토보에	C	18	1920	1929 鳥居龍藏
5	全南 高興 小鹿島	B	14.5	1924	1935 榧本龜生

번호	유적	형식	크기	연도	보고서
6	大阪 柏原 大縣	C	21.7	1925	1927 三本六爾·稻葉憲日
7	遼寧 沈陽 (傳)	B	12		1938 驅井和愛
8	平南 大同 反川里 1鏡	C	13.3	1927	1947 梅原·藤田
9	平南 大同 反川里 2鏡	C	10.5	1927	1947 梅原·藤田
10	平南 孟山 鎔范 A面(傳)	B	17.2	1930	1947 梅原·藤田
11	平南 孟山 鎔范 B面(傳)	B	12.8	1930	1947 梅原·藤田
12	平壤 1(傳)	A	9.4	1932	1947 梅原·藤田
13	平南 成川(傳)?	A	11.4	?	1947 梅原·藤田
14	忠南(傳)	A	11.3	?	1947 梅原·藤田
15	平南 中和(傳)	B	13.1		1947 梅原·藤田
16	平壤 2(傳)	C	13		1947 梅原·藤田
17	平壤 貞柏里 1鏡	B	7.3	1939	1969 榧本杜人
18	平壤 貞柏里 2鏡	B	7.4	1939	1969 榧本杜人
19	慶南 (傳,小倉所藏)	C	14.1		1947 梅原·藤田
20	全南 靈巖 3 (傳, 小倉)	C	22	1940?	1943 梅原末治
1950-60년대					
21	長野 佐口 社宮司	C?	10?	1950	1966 永峰光一
22	佐賀 唐津 宇木汲田	C	10.3	1957	1982 藤田等外
23	黃海 鳳山 松山里	C	13.8	1958	1959 황기덕
24	연해주 이즈웨스토코보에	B	12.5	1959	1960 平井尙志
25	遼寧 朝陽 十二臺營子 3號	A	22.5	1958	1960 朱貴
26	全南 靈巖 鎔范	C?	8.3	1960?	1987 林炳泰
27	忠南 扶餘 蓮花里	B	12.8	1963	1964 金載元·尹武炳
28	遼寧 沈陽 鄭家窪子 6512	A	8.8	1965	1975 沈陽古宮博物館
29	南韓 (傳, 鄭武默所藏)	C	15.7		1973 國立中央博物館
30	咸南 咸興 梨花洞	C	8	1966	1966 안영준/1974 박진욱
31	黃海 延安 小雅里	B	9.8		1974 황기덕
32	江原 襄陽 釘岩里	C	14.3	1966	1967 金元龍
33	全北 益山 五金山	B	9	1967	1967 金元龍

번호	유적	형식	크기	연도	보고서
34	大田 槐亭洞 1鏡	B	11.3	1967	1969 李殷昌
35	大田 槐亭洞 2鏡	B	8	1967	1969 李殷昌
1970년대					
36	全南 和順 大谷里 1鏡	C	14.4	1971	1984 趙由典
37	全南 和順 大谷里 2鏡	C	18	1971	1984 趙由典
38	遼寧 本溪 明山 梁家村 1號	A	12.8	1974	1987 魏海波
39	咸南 金野 龍山里	C	8.7	1974	1983 안영준
40	遼寧 丹東 寬甸 趙家堡 1鏡	B	14.5	1975	1984 許玉林·王連春
41	遼寧 丹東 寬甸 趙家堡 2鏡	B	12	1975	1984 許玉林·王連春
42	遼寧 丹東 寬甸 趙家堡 3鏡	B	12.3	1975	1984 許玉林·王連春
43	全北 益山 多松里	B	10.7	1975	1975 全榮來
44	江原 橫城 講林里	C	16.2	1975	1977 李康承
45	全北 (傳)	B	11.5	?	1977 全榮來
76	忠南 論山 (傳, 國寶)	C	21.2		1992 國立中央博物館/ 2009 숭실대
46	全南 靈巖 1 (傳,崇實大)	C	13.3	?	1977 全榮來 /2011 숭실대
47	全南 靈巖 2 (傳,崇實大)	C	12.6	?	1977 全榮來 /2011 숭실대
48	江原 原州 1鏡 (傳)	C	14.2	?	1977 全榮來 /2011 숭실대
49	江原 原州 2鏡 (傳)	C	14.5	?	1977 全榮來 /2011 숭실대
50	忠南 牙山 南城里 1鏡	B	19.6	1975	1977 韓炳三·李健茂
51	忠南 牙山 南城里 2鏡	B	18.1	1975	1977 韓炳三·李健茂
52	忠南 禮山 東西里 1鏡	B	9.4	1978	1978 池健吉
53	忠南 禮山 東西里 2鏡	B	8.1	1978	1978 池健吉
54	忠南 禮山 東西里 3鏡	B	13.5	1978	1978 池健吉
55	忠南 禮山 東西里 4鏡	C	9.5	1978	1978 池健吉
56	忠南 禮山 東西里 5鏡	C	7	1978	1978 池健吉
57	慶北 慶州 朝陽洞 5號	C	5.3	1978	2003 國立慶州博物館
58	吉林 集安 五道嶺溝門	B	13.9	1978	1981 集安縣文物保管所
59	吉林 樺甸 西荒山屯 2號 1鏡	B	10	1979	1982 吉林省文物工作隊
60	吉林 樺甸 西荒山屯 2號 2鏡	B?	11	1979	1982 吉林省文物工作隊

번호	유적	형식	크기	연도	보고서
61	京畿 蓮川 (傳)	B	11.3		1997 湖巖美術館
62	南韓 1(金東鉉)	B	15		1997 湖巖美術館
1980년대					
63	忠南 牙山 宮坪里	C	9.8	1982	1989 李健茂
64	福岡 福岡 吉武高木 3號	C	11.1	1983-84	1986 福岡市敎育委員會
65	吉林 通化 榮額浦 鎔范	B	?	?	1987 滿承志
66	吉林 通化 大架山 鎔范	B	9.2	?	1987 滿承志
67	忠南 扶餘 九鳳里 1鏡	B	13	1985	1987 李康承
68	忠南 扶餘 九鳳里 2鏡	C	10.8	1985	1987 李康承
69	全北 全州 如意洞 1鏡	B	15.3	1985	1987 全榮來
70	全北 全州 如意洞 2鏡	B	10.3	1985	1987 全榮來
71	遼寧 建平 大拉罕溝 851號	A	14.1	1985	1991 李殿福
72	全南 咸平 草浦里 1鏡	C	17.8	1987	1988 李健茂·徐聲勳
73	全南 咸平 草浦里 2鏡	C	15.6	1987	1988 李健茂·徐聲勳
74	全南 咸平 草浦里 3鏡	C	9.7	1987	1988 李健茂·徐聲勳
75	遼寧 建平 炮手營子 881號	A	12.5	1988	1991 李殿福
77	吉林 東遼 南山崗 鎔范	B?	17.5		1992 唐洪源
78	遼寧 本溪 劉家哨	B	17.8	1986	1992 梁志龍
79	黃海 新川 龍山里	C	9.7	?	1990 리규태
80	忠南 扶餘 合松里	C	10.7	1989	1990 李健茂
81	全北 長水 南陽里 1號	C	10.5	1989	1990 池健吉
1990년대					
82	忠南 唐津 素素里 1鏡	C	16.8	1990	1991 李健茂
83	忠南 唐津 素素里 2鏡	C	9.5	1990	1991 李健茂
84	佐賀 佐賀 本村籠	C	10.5	1990	1992 田中稿二
85	福岡 小郡 若山3區 1鏡	C	15.3	1993	1994 速水信也
86	福岡 小郡 若山3區 2鏡	C	16	1993	1994 速水信也
87	遼寧 寧盛 小黑石溝 98AIIIM5	A	17.2	1998	2007 동북아역사재단
88	遼寧 朝陽 遠台子	A	?	1998	2010 遼寧省文物研究所

번호	유적	형식	크기	연도	보고서
89	遼寧	B	?	?	미보고
90	佐賀 增田	C	9		1998 佐賀教育委員會
91	全北 長水 南陽里 2號	C	9.7	1997	2000 전북대학교박물관
92	中國 (傳)	A	17.5		1999 大阪彌生博物館
2000년대					
93	平壤 순안구 신성동	A	9.9	2003	2012 김재용
94	忠南 論山 院北里 나1호	C	8.5	2001	2001 中央文化財硏究院
95	忠南 論山 院北里 나6호	C	?	2001	2001 中央文化財硏究院
96	忠南 論山 院北里 다1호	C	8.5	2001	2001 中央文化財硏究院
97	壹岐 原の辻	C		2001	2002 石田町教育委員會
98	長岐 里田原	C	8.9	2000	2003 田平町委育委員會
99	全北 全州 孝子洞	C	20	2005	2005 全北文化財硏究院
100	全南 和順 白巖里	C	9.3	2003	2005 趙現鐘外
101	全北 完州 반교리 葛洞 1	C	14.6	2007	2007 湖南文化財硏究院
102	全北 完州 반교리 葛洞 2	C	9.2	2007	2007 湖南文化財硏究院
103	慶南 泗川 月城洞	C	12	2007-8	2010 우리문화재연구원
104	濟州 倪來洞	C?		2009	2009 제주문화유산연구원
105	韓半島?	B	9.9	2005	상명대박물관
2010년대 이후					
106	全北 完州 新豊 가-2	C	19.3	2009-10	2014 호남문화재연구원
107	全北 完州 新豊 가-31	C	14.5	2009-10	2014 호남문화재연구원
108	全北 完州 新豊 가-35	C	18.1	2009-10	2014 호남문화재연구원
109	全北 完州 新豊 가-43	C	16	2009-10	2014 호남문화재연구원
110	全北 完州 新豊 나-1	C	20.6	2009-10	2014 호남문화재연구원
111	全北 完州 新豊 나-21	C	15.6	2009-10	2014 호남문화재연구원
112	全北 完州 新豊 나-23	C	9.6	2009-10	2014 호남문화재연구원
113	全北 完州 德洞 D-1	C	17.5	2009-10	2013 전라문화유산연구원
114	全北 完州 德洞 G-2	B	11	2009-10	2012 전라문화유산연구원
115	全北 益山 五龍洞 5지점 2호	B	11.4	2009-10	2013 마한백제문화연구소

번호	유적	형식	크기	연도	보고서
116	全北 金堤 서정동	C	9.4	2009-10	2010 군산대학교박물관
117	全北 金堤 백산	C	13.9		2011 국립전주박물관
118	忠北 淸原 主城里	C	8.8	2010	2013 중원문화재연구원
119	全北 全州 원장동 1	C	18.5	2011	2013 전북문화재연구원
120	全北 全州 원장동 2	C	7.9	2011	2013 전북문화재연구원
121	全北 全州 萬城洞	C	15.7	2011-12	2012 전라문화유산연구원

1950년 이전

다뉴경은 일본 야마구치현 가지구리하마(梶栗濱)에서 1913년에 처음 발견되었다. 해안가의 석관묘에서 세형 동검 2점과 함께 수습되었다고 전하는데 정확한 출토 상황은 보고되지 않았다. 1918년에 나라현 나가(名柄)에서 동탁(銅鐸)과 함께 두 번째로 C형 거울(세문경)이 발견되었으며, 산 정상에서 단독으로 발견되었다고 전한다. C형 거울로서는 직경 22cm의 최대급으로, 1930년대에 일찍이 구리 67.8%, 주석 24.0%, 아연 6.6%의 성분 분석 결과가 보고되어 다뉴경의 합금 비율을 최초로 알려준 자료이기도 하다.

1919년에 한반도에서 다뉴경이 처음 발견되었는데, 경북 경주 입실리(入室里)의 C형 거울이 바로 그것이다. 철도 공사 중에 지표 아래 무덤 구덩이에서 다른 청동기와 함께 출토된 것을 주민들이 수습하였다고 전한다. 같이 나온 청동기로 검(劍), 모(鉾), 과(戈), 방울 등이 있었는데, 그 공반관계를 단정하기 어렵지만 그 유물의 형식과 연대로 보아 다뉴경 중 가장 늦은 사례가 된다.

1926년에 한반도에서 두 번째로 발견된 것은 평남 대동군 반천리(反川里)의 뽕밭에서 수습된 C형 거울 2점이다. 함께 나온 청동기가 다수 있었으나, 유실되고 동검편과 동사(銅鉈)편 각 1점만 전한다.

1927년에 현지 조사가 이루어졌지만 무덤의 구조는 확인되지 않았다.

삼각거치문의 B형 거울(조세문경)은 1924년 전남 소록도에서 발견되었는데, 석촉(石鏃)을 담은 적색 단지에 뚜껑처럼 덮혀 있었다고 전하는 바, 무덤에서 출토되지 않은 드문 사례이다. 1930년 B형 거울을 주조한 석제 거푸집의 사례가 평남 맹산(孟山)에서 출토하였다고 전한다. 앞뒷면에 각기 다른 B형의 문양이 음각되었는데, 지금까지 한반도에서 알려진 완성된 거푸집으로 유일하다. 아울러 다뉴경이 석제 거푸집으로 제작되었음을 실증하는 최초의 사례가 된다.

한편 비슷한 시기에 뒷면에 연속 Z무늬가 장식된 A형 거울(조문경)이 평양과 충남, 그리고 성천 등지에서 발견되었다는 사실이 보고된다. 그것은 삼각거치문을 단위 문양으로 하는 앞서의 B형 거울과 차이가 나는데, 청동기나 토기가 공반하지 않아 그 선후 관계를 확인할 수가 없다.

1950~1960년대

이 기간에 정식 발굴 조사를 통해서 다뉴경이 부장된 무덤의 구조가 밝혀지기 시작한다. 또한 A형과 B형의 다뉴경이 중국 요서(遼西) 지역과 한반도 남부에서 무기, 공구 이외에 이형동기(異形銅器)와 함께 출토된 사례가 처음으로 보고된다.

일본에서 정식으로 발굴 조사된 최초의 다뉴경 부장묘로 1957년에 규슈 사가현 우키군덴(宇木汲田) 유적이 확인되었는데 옹관에서 동검과 포개진 상태로 부장되었다. 이를 통하여 일본에서도 한반도와 마찬가지 방식으로 다뉴경이 엘리트 무덤의 부장용(副葬用)으로 채택되었음을 알 수 있다

한반도에서는 1957년에 관개 수리 공사를 하다가 발견되고 1958년

에 발굴 조사된 것으로 황해 봉산군 송산리 사례가 있다. 정교한 세문경이 세형 동검, 동과와 동부(銅斧)는 물론 철제 도끼와 함께 부장된 사실이 확인되었는데, 세문경이 부장된 무덤이 적석목관묘라는 사실이 알려진 최초의 사례이다. 아울러 동 형식의 거울이 철기와 함께 한다는 사실도 처음 확인되었다.

1958년에 중국 요령성 조양(朝陽) 십이대영자(十二台營子)에서 Z자 무늬 거울이 부장된 무덤을 관개 수로 공사 중에 주민이 발견하였다. 모두 석관묘로 발견된 3기의 무덤 중 1, 2호에서는 비파형 동검, 동촉 등의 무기와 함께 각종 장식품이 부장되어 있었다. 다뉴경은 이미 상당 부분이 파괴된 3호묘에서 발견되어 공반 유물이 거의 전하지 않지만, A형 거울이 인접한 무덤의 사례로 미루어 비파형 동검과 같은 시기에 속한다는 사실이 알려지게 되었다.

그림 1-3 심양 정가와자 6512호 무덤

1965년에 조사된 심양(瀋陽) 정가와자(鄭家窪子) 6512호 무덤에서 발견된 다뉴경은 변형된 Z무늬 거울로 역시 변형된 비파형 동검과 함께 공반하여 십이대영자의 거울보다 늦은 형식임이 확인되었다. 목관 내에 성인 남자의 완전한 인골이 원개형동기[圓蓋形銅器, 혹은 경형동기(鏡形銅器)]에 덮힌 채로 전하고, 목관 바깥에 원개형동기, 방패형동기, 말재갈, 공구, 화살촉 등의 각종 청동기가 부장된 사실이 확인되었다. 청동 유물의 배치 상태가 일목요연하게 확인된 유사 사례가 없는 목곽묘로, 비파형 동검 후기의 요동 지역 최고 우두머리 무덤의 실상을 보여주었다. 이 무덤에 부장된 토기로서 남한의 세형 동검 전기에 속하는 B형 거울 부장 무덤에서 나오는 토기 형식과 동일한 흑도장경호(黑陶長頸壺) 3점이 확인되면서 남한 청동기문화의 출자(出自)를 추정할 수 있게 된다(그림 1-3).

한국 학계에는 훨씬 늦게 소개되었지만 1959년에 연해주 이즈웨스토코보에에서 정확한 유구의 구조는 전하지 않으나, B형 거울이 한국식 세형 동검, 동사 등과 함께 발견되었다. 이 유적의 출토 사례를 통해서 처음으로 B형 거울이 세형 동검 시기에 보급되었음은 물론, 한반도를 벗어난 지역에까지 분포함을 알 수 있게 되었다.

한반도에서 B형 거울이 부장된 무덤으로 처음 조사된 것은 부여 연화리 무덤이다. 1963년에 주민에 의해 동검이 발견되고, 사후 조사를 통해서 B형 거울 파편이 석관묘 내부에서 수습되었다. 원래 토기 등도 주민에 의해 수습되었으나 확인되지 못하였다.

1967년에 대전 괴정동에서 B형 거울과 함께 다량의 청동기, 석기, 토기가 발견되었는데, 사후 조사를 통해서 무덤의 구조가 적석목관묘임이 확인되었다. 남한에서 B형 거울 단계의 최상위 무덤에 청동 거울이 검파형(劍把形) 동기와 방패형 동기 등의 이형 동기가 공반되는 실상이 알려지게 된 것이다. 또한 점토대토기와 흑도장경호가 같이 출토됨으로써 다뉴조세문경 보유 집단의 토기 형식을 처음 확인할 수 있게 되었다.

1970년대

1970년대에 들어오면 다량의 청동기가 공반된 다뉴경 부장묘의 발굴 조사와 보고 사례가 한반도와 중국 동북 지역에서 다수가 확보된다. 거울의 형식으로 보면 한반도에서는 B형과 C형 거울, 요동(遼東)과 길림 지역에서는 B형 거울이 부장된 무덤이다.

우선 한반도의 경우 1971년에 조사된 화순 대곡리의 적석목관묘에서 C형 거울과 함께 무기는 물론 팔주령(八珠鈴), 간두령(竿頭鈴), 쌍두령(雙頭鈴) 등의 청동방울이 세트를 이루어 부장된 사실이 주목된다. 복수의 C형 거울과 함께 샤만이 사용하는 종교적 도구로 추정되는 각종 방울, 그리고 군사적 위세품인 세형 동검과 같이 부장되어 세형 동검 후기에 한반도 최고 우두머리의 성격을 설명할 수 있는 근거가 확보된 것이다. 앞서 대전 괴정동의 사례에서 보는 것처럼 B형 거울 단계의 우두머리 무덤에 장엄구(莊嚴具) 성격인 이형동기는 갖추고 있었지만, 청동방울은 그렇지 않은 사실과 대조가 된다.

1975년에 아산 남성리의 동경 부장묘가 조사되었는데, 대전 괴정동 사례와 같은 B형이면서 좀더 C형 세문경에 근접한 형식의 거울이 완전한 상태로 2점 출토되었다. 괴정동과 마찬가지로 흑도장경호, 점토대 발형(鉢形)의 토기 세트, 방패형과 검파형 이형 동기가 공반되어, B형 거울 단계 우두머리 무덤의 정형화된 청동기 · 토기 갖춤새를 확인할 수 있었다.

1978년 예산 동서리에서 다수의 다뉴경과 함께 다량의 청동기가 부장된 적석목관묘가 발견되었다. 수습 조사 결과 다뉴경은 전형적인 B형과 C형 초기형 5점으로 세형 동검 9점, 검파형 동기, 나팔형 동기, 원개형 동기 등의 청동기와 점토대 발형토기, 흑도장경호가 공반되었다. 한 무덤에서 가장 많은 수량의 다뉴경이 부장되어 B형에서 C형으로 이행되는 과정을 살필 수 있고, 앞서 괴정동, 남성리와 동일한 갖춤새가 호서 지역에서 발전하였음을 알 수 있다. 아울러 나팔형 동기가 심양 정가와자의 사례와 유사한 것이어서 토기 형식과 함께 양 지역의 상호 관계를 재확인시켜 준다.

1974년에 요동의 본계(本溪) 양가촌(梁家村)에서 요서 지역의 십이대영자 사례와 유사한 A형 거울이 전형적인 비파형 동검과 함께 발견되어 정가와자 이전 단계에 A형 거울이 요동 지역에 전이(轉移)되었음이 확인되었다. 그리고 1975년 단동(丹東) 조가보(趙家堡)에서 B형 거울 3점과 동검, 동모, 동부 다수가 공반된 무덤이 조사 보고됨으로써, 세형 동검 이른 단계에 압록강 하류 지역에 상위급 신분의 사람이 묻힌 다뉴경 부장묘가 존재하는 사실을 확인하였다. 이어 1978년에는 압록강 중류의 집안(輯安) 오도령구문(五道嶺溝門)에서 B형 거울이 다수의 동모, 동부와 함께 부장된 기단식(基壇式) 적석총이 조사되면서 역시 이 지역을 무대로 한 정치체의 등장을 이로써 설명할 수 있게 되었다.

B형 거울은 더 동쪽으로 건너가 화전(樺甸) 서황산둔(西荒山屯)에서 1979년에 발굴 조사를 통하여 석개(石蓋) 토광묘에 부장된 사실이 확인된다. 같은 지점에서 조사된 6-7기의 무덤에서 안테나식 검파두식을 갖춘 동검과 동부, 그리고 주조 철기가 함께 부장된 사실이 확인되면서, 길림 지역에서 주조 철기가 등장하는 시기에 B형 거울이 존속하였음을 알 수 있다.

1980년대

1980년대에 이르면 한반도에서는 화순 대곡리에 필적하는 최상급 C형 거울 부장묘를 비롯하여, 차상급의 무덤들이 다수 발견된다. 한반도의 차상급 다뉴경 부장묘의 수준이지만 일본에서 최상급에 해당하는 다뉴경 부장묘가 한반도와 가장 가까운 규슈 후쿠오카 지역에서 발굴 조사되어 주목받게 된다. 또한 중국 요서 지역에서 예가 드문 차상급의 A형 거울 부장묘가 확인되고, 요동 지역에서는 B형 거울이 현지 제작되었음을 보여주는 거푸집 다수가 발견된 사실이 주목된다.

무엇보다 일본에서 1984년 발굴 조사된 후쿠오카 요시다케다카기(吉武高木) 유적은 옹관묘가 아닌 한반도계 적석목관묘에서 다뉴경이 부장된 사실이 중요하다. 더군다나 다뉴경과 함께 한반도와 동일한 형식의 무기 갖춤새를 부장하였는 바, 일본에서 발견된 가장 오랜 우두머리급 무덤으로서 한반도 다뉴경 부장묘의 전통을 따르고 있음이

그림 1-4 후쿠오카 요시다케다카기 무덤
(후쿠오카시교육위원회 1986)

주목된다. 아울러 모든 청동기가 원래 배치 상태 그대로 확인되어 한반도를 포함하여 장송 의례를 제대로 파악할 수 있는 최초의 자료이기도 하다(그림 1-4).

한반도에서 1985년에 조사된 부여 구봉리의 사례는 14점의 동검, 동모, 동과와 함께 청동거울 2점이 공반 출토된 무덤으로서 호서 지역에서 10점이 넘는 무기와 공반하는 예가 드문 상위자 무덤이다. 또한 거울 1점은 B형 조문경, 다른 1점은 C형 세문경에 속하는 것이어서, 세문경의 등장 과정을 알 수 있는 자료로서 중요하다.

1987년에 조사된 함평 초포리의 사례를 보면, 앞서 조사된 화순 대곡리와 비슷하게 다수의 C형 세문경과 함께 다량의 무기, 청동방울 세트가 부장되었음이 확인되었다. 이를 통하여 호남 지역에 청동거울과 방울로 상징되는 제사장(祭司長)과 청동 무기로 표현되는 군사적 실력자의 성격을 함께 갖춘 우두머리가 존재하였음을 다시 한번 확인할 수 있었다. 또한 3점의 거울이 각각 검과 포개진 상태로 부장된 사실도 처음으로 확인되었다(그림 1-5).

그림 1-5 함평 초포리 무덤 (이청규 1987)

그밖에 이 기간에 소형 세문경과 함께 청동 무기와 공구가 부장된 중위급 수장묘로서 장수 남양리, 부여 합송리, 당진 소소리 등의 사례가 발견되었다. C형의 거울과 함께 무기, 공구는 물론 주조 철기가 부장되어 앞서 황해 송산리처럼 남한에서도 세문경과 초기 철기가 공반되고 있음을 확인할 수 있다.

1985년에 조사된 건평(建平) 대랍한구(大拉旱溝) 851호와 1988년에 조사된 건평 포수영자(抱手營子) 881호 묘는 정확한 무덤 구조는 확인되지 않았지만, 요서 지역에 A형 거울이 비파형 동검을 비롯하여 무기, 공구, 장신구가 공반하는 차상급 무덤이 조성되었음을 보여주는 자료로서 중요하다. 아울러 십이대영자보다 변형된 형식의 거울과 동검이 부장되어 다소 늦은 시기에 대릉하 유역을 따라 다뉴경 부장묘가 확산 전이되었음을 알 수 있다.

1980년대에 확실한 출토 상황을 알 수 없지만 길림의 통화(通化)와 동요(東遼) 지역에서 거울 거푸집이 발견된 사실이 또한 주목된다. 이를 통하여 비단 한반도 서북한 이외의 다른 지역에서 B형 거울이 석제 거푸집으로 제작되었다는 직접적인 증거가 확보된 것이다. 또한 1986년 조사된 본계(本溪) 유가초(劉家哨) 유적에서 동검과 함께 공반한 다뉴경이 주목되는데, 그것은 다른 거울과 달리 동물무늬가 장식된 것이 특징이다. 이를 통하여 세형 동검 시기에 다른 계통 거울의 속성을 융합한 현지 다뉴경을 확인할 수 있다.

1990년대

대부분 무덤에서 출토된 C형 거울이 이 시기에 토기에 매납된 상태로 일본에서 발굴 조사되어 주목된다. 1993년 일본 후쿠오카 오고오리(小郡)에서 조사된 사례가 바로 그것으로 바리 모양의 토제 용기에 두 점의 거울이 앞면을 맞대어 포갠 채 매납된 상태로 발견되었다. 한반도에서도 발견되지 않은 확실한 거울 매납의 유일한 사례로 무덤의 부장품 이외의 쓰임새를 보여 준다.

이밖에도 이 기간에 요서의 내몽고에서 A형 다뉴경 부장묘, 일본 규슈에서 C형 다뉴경 부장묘가 조사된 사실도 주목할 만하다. 내몽고 소흑석구에서는 하가점상층문화(夏家店上層文化)에 속하는 무덤이 수년간 걸쳐 발굴 조사되었는데, 그중 1998년도에 조사된 무덤에서 각종 다른 청동기와 함께 A형 거울이 부장된 사실이 확인되었다. 이를 통하여 A형 다뉴경이 동 지역에서 대릉하(大陵河) 중류의 십이대영자문화권(十二臺營子文化圈)으로 확산되었다고 하는 주장도 있었지만, 그 반대일 가능성도 높아 양 지역간에 다뉴경 교류와 관련하여 중요한 논거를 제시하여 주게 되었다.

일본에서는 발굴 조사를 통해서 C형 거울이 옹관묘에 부장된 사실이 사가현 혼손모리(本村籠)와 마츠다(增田)에서 확인되었다. 그 직경이 10.5, 9.3cm의 소형경인 바, 일본에서 무덤에 부장된 C형 거울은 전부 소형경이며, 일본 현지 형식의 무덤에도 다뉴경이 적지 않게 부장되었음을 확인시켜 준 점에서 중요하다.

2000년대

2000년대에 들어와서 그동안 중국 동북 지역에서만 확인되었던 A형 거울 부장묘가 한반도에서 처음 조사된다.

평양 신성동의 사례가 바로 그것으로, 거울 1점이 석곽묘에서 동검과 세트를 이루어 부장되었음이 확인되었다. 거울은 변형된 A형이고 동검은 후기 비파형으로서 요동의 심양 정가와자 6512호 묘의 사례와 거의 흡사하다. 또한 같은 형식의 흑도장경호도 함께 부장되어 A형 거울 혹은 비파형 동검의 늦은 단계에 요동 지역에서 한반도로 A형 거울이 전이된 사실을 확인할 수 있다.

대부분 다뉴경 부장묘는 주민에 의해 발견되고, 나중에 수습 발굴된다. 그러나 2000년대에 들어서면 남한에서 대규모 토지 개발로 인하여 처음부터 정식 발굴 조사를 통해서 원상 그대로 확인되는 다뉴경의 부장묘 사례가 늘어나게 된다. 우선 2001년에 금강 중하류 지역인 논산 원북리에서 3기의 C형 다뉴경 부장묘가 발굴 조사되었다. 인접한 낮은 구릉 나 · 다 지점에서 각각 발견되었는데, 나 지점의 경우 10여기의 군집 목관묘 중에 2기, 다 지점의 경우 단독으로 1기가 발견되었다. 나 지점 1호에서는 흑도단경호, 동부와 함께 완형경, 나 지점 6호에서 동검편, 동사편과 함께 소형의 부분 파경, 그리고 다 1호에서는 반절된 부분경으로 부장되어 있었다.

2005년에 전주 효자동의 구릉 정상부에서 C형경이 동검, 관옥과 함께 수습되었는데, 원래 놓인 유구는 적석목관묘임이 확인되었다. 뒤이어 2007년에 앞서 효자동에서 5km 정도 떨어진 완주 갈동 다뉴경 부장묘 2기가 조사되었다. 띄엄띄엄 배치되어 있기는 하나 총 17기의 목관묘가 군을 이루었는데, 그중 5호와 7호에서 완형 상태로 각 1점의 C형경이 단독으로 부장되어 있었다. 주위의 목관묘에 부장된 청동기나 철기, 혹은 거푸집 등이 부장되지 않은 점에서 비교가 된다.

한편 2008년에는 영남 지역에서 처음으로 C형 동경 부장묘가 정식 발굴 조사되는 바, 파경(破鏡) 상태인 C형 거울만 단독으로 부장된 사천 월성동의 사례가 바로 그것이다.

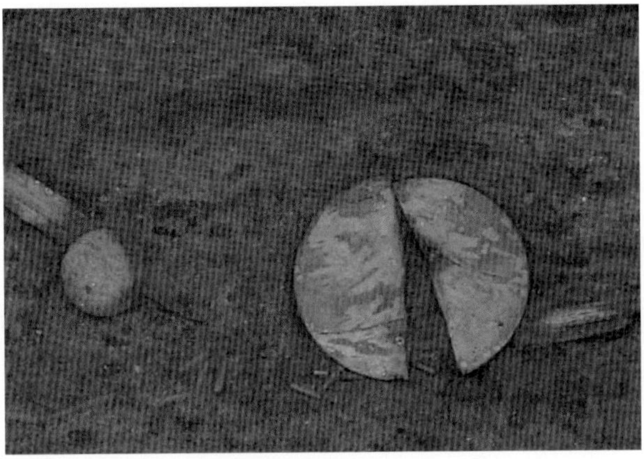

그림 1-6 전주 원장동 1호 다뉴경 출토 상태
(전북문화재연구원 2013)

2010년 이후

이 기간에 무엇보다 주목되는 것은 축조 당시 그대로의 다뉴경 부장묘가 전 기간에 이어 남한의 특정 지구에서 군을 이루면서 집중적으로 발굴 조사되었다는 사실이다. 전북 완주, 전주 지구가 그것으로 2009년부터 시작해서 2011년까지 완주 갈동에서 전주 효자동 사이 직경 5km 범위 내에서 B형과 C형의 다뉴경 부장묘가 10여 기 이상 확인되었다. 일정한 거리를 사이에 두고 10여 기 내외로 구성된 각 단위묘군별로 1기의 다뉴경 부장묘가 배치되어 각 무덤군에서 다뉴경 부장묘의 관계적 위치를 확인할 수 있다는 점에서 무엇보다도 주목된다. 아울러 모든 무덤이 조성 당시 상태가 그대로 조사되었기 때문에 다뉴경의 부장 상태를 확인할 수 있다는 점이 중요하다. 특히 무덤에 부장된 상당수의 거울이 의도적으로 깨서 뿌려져 주술적인 관점에서 설명하지 않으면 안되는 사실이 그러한 것이다.

예를 들어 B형 거울이 부장된 완주 덕동 G-2호와 C형 거울이 부장된 덕동 D-1호의 경우 거울이 산산 조각난 상태로 목관 위에 산포된 사실을 확인하게 되었다.

이와는 대조적으로 반절(半折)되었으나 완형의 C형 거울 2점이 검 5점, 과 1점, 부 1점 등과 공반된 원장동 1호 무덤이 조사되었는 바, 동 지구에서 가장 많은 청동기를 부장한 다뉴경 부장묘로 주목된다. 두 점의 거울이 각각 검과 과와 포개진 상태로 부장된 방식이 앞서 함평 초포리의 사례와 비교가 된다(그림 1-6).

표 1-2 다뉴경 조사 보고 문헌

저 자	연도	제 목	다뉴경 번호
1950년 이전			
三本六爾	1927	「長門富任に於ける青銅器時代墳墓」, 『考古學硏究』 2	1
後藤守一	1943	「多鈕鋸歯文鏡のついて」, 『古代文化』 14-9	2
朝鮮總督府	1925	『大正十一年度古蹟調査報告』, 第2册	3
鳥居龍藏	1929	「極東シベリア發見銅劍と銅鏡」, 『考古學硏究』 3-1	4
榧本龜生	1935	「南鮮小鹿島發見多鈕細文鏡其他」, 『考古學』 6-4	5
三本六爾・稲葉憲日	1927	「河内新發見の銅鏡と其出土狀態」, 『考古學硏究』 1	6
驅井和愛	1938	「滿洲出土の多鈕銅鏡について」, 『日本金屬器出現期の硏究』	7
梅原, 藤田	1947	「朝鮮古文化綜鑑」 第1卷, 養德社	8~16
榧本杜人	1969	「陽遂と多鈕細文鏡」, 『考古學雜誌』 55-1	17~19
梅原末治	1943	「多鈕細文鏡の新出土例-傳全羅南道靈巖發見の破片」, 『人類學雜誌』 58-8	20

永峰光一	1966	「鏡片の再加工の考えられる白銅板について」, 『信濃』 18-4, 信農史學會	21
1950-60년대			
藤田等外	1982	『末盧國』, 六興出版	22
황기덕	1959	「1958년춘하기 어지돈지구 관개공사구역 유적정리간략보고」, 『문화유산』 1959-1	23
平井尙志	1960	「沿海州新出土の多鈕鏡と一括遺物そのについて」, 『考古學雜誌』 46-3	24
朱貴	1960	「遼寧 十二臺營子青銅短劍墓」, 『考古學報』 1960-1	25
임병태	1987	「靈巖出土 青銅器鎔范에 대하여」, 『三佛金元龍教授停年退任紀念論叢 I-考古編』,일지사	26
김재원, 윤무병	1964	「夫餘・慶州・燕岐出土銅製遺物」, 『震檀學報』 26・27・28合輯	27
沈陽古宮博物館	1975	「沈陽鄭家窪子的兩座青銅時代墓葬」, 『考古學報』 1975-1	28
국립중앙박물관	1973	『韓國先史時代青銅器』	29
박진욱	1974	「함경남도일대의 고대유적 조사보고」, 『고고학자료집』 4	30
황기덕	1974	「최근에 새로알려진 비파형단검과 좁은놋단검관계의 유적유물」,『고고학자료집』 4	31
김원룡	1967	「江原道 襄陽郡出土 細形銅劍・細文鏡について」, 『史林』	32
김원룡	1967	「益山 五金山出土 多鈕鏡・細形銅劍」, 『考古美術』 8-3	33
이은창	1969	「大田市槐亭洞出土一括遺物調查略報」, 『考古美術』 8-9	34, 35
1970년대			
조유전	1984	「全南和順青銅遺物一括出土遺蹟」, 『尹武炳博士回甲紀念論叢』	36,37
魏海波	1987	「遼寧本溪發現青銅短劍墓」, 『考古』 1987-2	38
안영준	1983	「함경남도에서 새로 알려진 고대유물」, 『고고학자료집』 6	39
許玉林, 王連春	1984	「丹東地域出土的青銅短劍」, 『考古』 1984-8	40-42

전영래	1975	「韓國青銅器文化의 系譜와 編年」, 『全北遺蹟調査報告』 7	43
이강승	1977	「橫城講林里 一括遺物」, 『考古學』 4	44
전영래	1977	「韓國青銅器文化의 系譜와 編年」, 『全北遺蹟調査報告』 7	45
숭실대학교박물관	2009	『한국기독교박물관 소장 국보 제131호 다뉴세문경 종합연구』	46
숭실대학교박물관	2011	『거푸집과 청동기』	47~50
한병삼, 이건무	1977	『南城里石棺墓』, 국립박물관고적조사보고 제10책	51, 52
지건길	1978	「禮山東西里石棺墓 青銅一括遺物」, 『百濟硏究』 9	53~57
국립경주박물관	2003	『경주 조양동유적』, 국립경주박물관 학술조사보고13	58
集安縣文物保管所	1980	「集安發現青銅短劍墓」, 『考古』 1981-5	59
吉林省文物工作隊	1982	「吉林樺甸西荒山屯青銅短劍墓」, 『東北考古與歷史叢刊』	60~61
1980년대			
호암미술관	1997	『湖巖美術館所藏 金東鉉翁蒐集文化財』	62, 63
이건무	1989	「牙山 宮坪里出土 一括遺物」, 『考古學誌』 1	64
福岡市教育委員會	1986	「吉武高木-彌生時代埋葬遺跡調查概要」, 『福岡市埋藏文化財調查報告書』 第143輯	65
滿承志	1987	「通化縣小都嶺出土大批石范」, 『博物館研究』 1987-3	66, 67
이강승	1987	「부여 구봉리출토 청동기일괄유물」, 『三佛金元龍教授停年退任紀念論叢 I-考古編』	68, 69
전영래	1987	「錦江流域青銅器文化圈新資料」, 『馬韓・百濟文化』 10	70, 71
李殿福	1991	「孤山子・楡樹林子 青銅時代墓葬」, 『遼海文物學刊』 1991-2	72, 76
이건무, 서성훈	1988	『咸平草浦里遺蹟』, 국립광주박물관학술총서 제14책	73~75
唐洪源	1992	「吉林東遼公路沿線文物調查簡報」, 『博物館研究』 1992-1	77
梁志龍	1992	「遼寧本溪劉家哨發現青銅短劍墓」, 『考古』 1992-4	78

리규태	1990	「최근년간 황해남도에서 드러난 좁은놋단검 관계 유적」, 『조선고고연구』 1990-2	79
이강승	1990	「夫餘 合松里遺蹟出土 一括遺物」, 『考古學誌』 2	80
지건길	1990	「長水 南陽里出土 青銅器鐵器一括遺物」, 『考古學誌』 2	81
이건무	1991	「唐津 素素里遺蹟出土 一括遺物」, 『考古學誌』 3	82, 83

1990년대

田中稿二	1992	「佐賀縣佐賀郡大和町本村籠遺跡出土の多鈕細文鏡について」, 『考古學雜誌』 77-4	84
速水信也	1994	「小郡若山遺跡3區出土の多鈕細文鏡」, 『考古學雜誌』 79-2	85, 86
동북아역사재단	2007	하가점상층문화의 청동기	87
遼寧省文物硏究所, 朝陽市博物館	2010	『朝陽 袁台子-戰國西漢遺址和西周至十六國時期墓葬』	88
佐賀教育委員會	1993	『增田遺跡群-增田遺跡2區の調査』 佐賀市文化財調査報告 43集	90
전북대학교박물관	2000	『南陽里 發掘調査報告書』, 전북대학교박물관총서 17	91
大阪府立彌生文化博物館	1999	『渡來人の登場-彌生文化を開いた人々』, 大阪府立彌生文化博物館圖錄 18	92

2000년대

김재용	2012	「신성동 돌곽무덤에 대하여」, 『조선고고연구 』 2012-1	93
중앙문화재연구원	2001	『論山 院北里 遺蹟』, 발굴 조사보고 9책	94~96
石田町教育委員會	2002	『原の辻遺跡』, 石田町文化財發掘報告書 第5輯	97
田平町委育委員會	2003	『里田原遺蹟』, 田平町文化財調査報告書 第9集	98
전북문화재연구원	2007	『전주 효자(4) 유적』, 유적조사보고 제14책	99
조현종외	2005	「화순 백암리유적 조사보고」, 『고고학지』 14, 한국고고미술연구소	100
호남문화재연구원	2007	『完州葛洞遺蹟』, 호남문화재연구원 학술조사보고 제116책	101, 102
우리문화재연구원	2010	『사천 월성리 유적』, 학술조사보고 19책	103

제주문화유산연구원	2009	「제주 예래동유적」	104
상명대학교박물관	2005	『상명대학교 개교40주년기념 김대환기증유물 특별전』	105
2010년대			
호남문화재연구원	2014	「완주 신풍유적」(1)·(2)·(3)	106~112
전라문화유산연구원	2012	『완주 덕동유적-전북혁신도시 개발사업(1-2)부지 내 문화유적 발굴 조사』	113, 114
마한백제문화연구소	2013	『益山 五龍里 遺蹟』, 원광대학교 마한백제문화연구소 유적조사보고 제76책	115
군산대학교 박물관	2010	「금강(II)지구 김제1-2공구 내 문화유적 시굴조사 약보고서」	116
전주국립박물관	2011	『금강의 새로운 힘-2100년 전 완주 사람들』	117
중원문화재연구원	2013	『淸原 主城里·倉里 遺蹟』, 조사보고서 제151책	118
전북문화재연구원	2013	『전주 원장동 유적-원장동 A· D· E ·G 유적』, 유적조사보고 제71책	119, 120
전주문화유산연구원	2012	「전주 만성동 동경출토지 문화재발굴 조사 약식보고서」	121

제2장
다뉴경의 기원과 제작·사용

1. 다뉴경의 기원

다뉴경(多鈕鏡)은 그 전부가 원형의 평편한 면을 반사면으로 한다. 그 뒷면에는 무늬를 장식하고, 가장자리에 테두리를 갖추었으며, 그 가운데에 꼭지를 달았다.

다뉴경의 거울 면은 대체로 평평하거나 살짝 오목한 것이 대부분이다. 볼록한 사례는 거의 없다. 중국 동북 지역에서 다뉴경과 함께 출토하는 볼록면을 갖추고 뒷면에 꼭지가 달린 경형동기(鏡形銅器) 혹은 원개형동기(圓蓋形銅器)와 차이가 난다. 보고자에 따라서는 후자를 거울로 설명하는 경우가 적지 않은 바, 실제로 다뉴경과 기능과 상징에서 전혀 관계없다고 단정할 수는 없다. 다뉴경의 일부 사례에서 확인되는 오목한 곡면을 근거로 빛을 모으는 양수(陽遂)라는 견해도 있다.[1] 대부분의 경우 거울의 곡면이 미미하여 주조 당시부터 그러한 모양을 의도하여 제작된 것이라고 단정하기 어렵다.

다뉴경의 주연부(周緣部) 혹은 테두리는 손상되기 쉬운 거울 가장자리를 보호하는 역할을 하기 위한 것으로 그 단면 형태로 반원형,

1) 梔本杜人, 「陽遂と多鈕細文鏡」, 『考古學雜誌』 55-1, 1969.

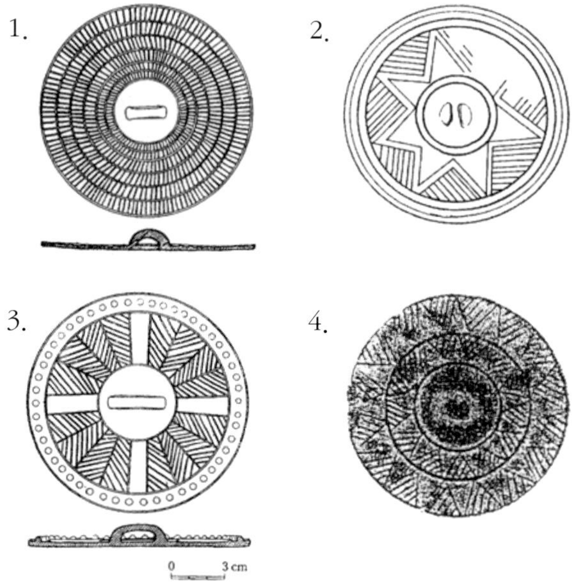

1. 안양소둔 2. 청해 잉마태 3. 안양 소둔 4. 감숙성 임하

그림 2-1 중원과 북방 지역의 기하학문 동경

삼각형, 사다리꼴 등이 있다. 거울의 주요 기능과 관련이 없으므로 제작자가 그 쓰임새만을 고려한다면 크게 주의를 기울이지 않을 부분이다. 그 폭이 좁은 삼각형, 혹은 사다리꼴의 테두리를 갖춘 A형과 B형 거울이 그러한 경우이다. 그러나 C형 거울로 정형화(定型化)되면서 그 테두리가 갖는 상징성을 돋보이게 하기 위해 두께와 폭이 커지고 횡단면 반원형의 모양을 갖추게 된다.

시베리아와 몽고, 그리고 동북 아시아 일대에 분포한 고대 거울은 당(唐)나라 이후 중국에서부터 시작하여 화판형(花瓣形)이나 방형(方形)으로 제작된 사례가 있지만, 그 대부분은 원형인 점에서 공통된다. 그러나 다뉴경과 비슷한 시기에 시베리아 남부나 유럽에 보급되는 청동거울은 별도로 자루 모양의 손잡이가 달린 사례가 많아 상호 구별이 된다.

다뉴경의 실제 쓰임새와 직접 관련이 없으나, 그 상징성을 가장 잘 보여주는 청동거울의 속성은 거울 뒷면의 문양이다. 전혀 없는 경우도 있지만, 대부분 거울 뒷면 전면을 일정한 문양으로 채우고 있다. 중국의 경우 그 문양의 상당수는 상징적 의미를 쉽게 알 수 있는 인격화된 신이거나 신격화된 동물 등의 사실적인 모티브를 활용하고 있다. 문자를 표기함으로써 기원하는 바를 더욱 구체적이고 분명하게 보여주는 사례도 있다. 그러나 다뉴경의 경우 그와 달리 상징의 의미를 제대로 알기 어려운 기하학적인 모티브를 그 주된 문양으로 하고 있다.

1950년대 일본인 연구자들이 이러한 기하학무늬 다뉴경이 중국 북방 혹은 시베리아 지역에서 기원한다는 견해를 처음 제시한 바 있다. 오르도스 지역에서 발견된 타원형의 청동대구(青銅帶鉤)에 삼각거치문(三角鋸齒文)으로 조합된 성형문(星形文)이 장식된 사례가 있어 그 근거로 삼았다.[2] 이러한 주장은 한국인 연구자에 의해 보강되어 기원전 10세기 이후의 카라스크-오르도스 문화 기원설로 틀을 잡는다.[3]

그 기원에 대해서 다르게 설명할 수 있는 기하학무늬 청동거울이 중원 지역과 그 서북방 지역에서 발견된 바 있고 이와 관련한 주장이 제시된 바 있다.[4] 서북방의 제가(齊家) 문화권인 청해성(青海省) 귀

---

2) 江上波夫,「綏遠地方出土銅鏡の二三に就いて-附 多鈕鏡起源に關する一考察」,『考古學雜誌』26-7, 1936.

3) 金廷鶴,「多鈕幾何文鏡の祖形」,『韓國の考古學』, 1972, 156-161쪽.
金良善,「多鈕幾何文鏡研究抄」,『梅山國學散稿』, 1973.

4) 李亨求, 청동기문화의 비교II(중국과의 비교)- 동경을 중심으로 한 중국지방과 시베리아와의 관계」,『한국사론(13)-한국고고학(II)』, 국사편찬위원

남현(貴南縣)의 잉마태(孕馬台) 25호 무덤에서도 직경 9cm의 7각의 성형문이 장식된 거울이 출토되었다.[5)] 감숙성(邯肅省) 임하(臨河)에서 출토하였다고 전하는 거울은 이중원권(二重圓圈)으로 외·중·내구를 구획하고, 외구와 내구에 삼각거치문으로 구성된 성형문(星形文)을 장식하였다.[6)] 꼭지는 하나이지만, 뒷면에 장식된 기하학무늬는 한반도 출토 B형경의 그것과 유사하다.

중원 지역의 사례가 출토한 무덤은 황하 유역의 하남성(河南省) 안양(安陽)의 소둔촌(小屯村) 5호묘로, 함께 부장된 청동기에 '부호(婦好)'라는 여성의 이름이 있어 기원전 12세기 무정왕(武丁王)의 왕비가 묻힌 것으로 추정된다.[7)] 이 무덤에는 수백여 점의 제기(祭器), 무기 등의 각종 청동기와 함께 4점의 청동거울이 부장되어 있었다. 그중 1점은 무덤의 곽실(槨室)에서, 나머지 3점은 곽실 위를 덮은 충전토(充塡土) 중에서 화장 도구와 함께 출토되었다. 십자로 구획된 주문양대(主文樣帶)에 엽맥문(葉脈文)이 장식된 1점과, 6개의 동심원으로 구획된 문양대에 짧은 직선이 촘촘히 음각되어 있었다(그림 2-1).

이에 따르면 중국 동북 지역과 한반도의 다뉴경은 남부 시베리아보다는 중원 혹은 그 인근 지역에서 그 조형(祖形)이 등장하여 내몽고 또는 하북성(河北省)을 거쳐 전이된 셈이 된다. 청동기 시대에 중원과 남부 시베리아 지역의 청동기문화 상호관계에 대하여 비단 거울뿐만

회, 1983, 344-345쪽.

____, 「청동기문화의 비교II(중국과의 비교)- 동경을 중심으로 본 우리나라 청동기의 기원-」, 『한국사론(13)-한국고고학(II)』, 국사편찬위원회, 1983, 403-448쪽.

5) 安志敏, 「中國早期青銅器幾個問題」, 『考古學報』 3期, 1981.

6) 李海榮, 『北方地區出土夏商周時期青銅器研究』, 文物出版社, 2003.

7) 中國社會科學院考古研究所, 『殷墟婦好墓』, 1980.

아니라 무기, 공구(工具), 장식품 등 각종 청동기를 대상으로 많은 연구자들이 논의한 바 있다. 양 지역에 보급된 동일한 형식의 청동기가 어느 지역에서 발원하여 어느 지역으로 전이된 것인지 연구자마다 다른 의견이 제시되고 있다. 그러나 다뉴경의 기원지(起源地)를 중국 동북 지역과 한반도 이외의 지역에서 찾는다는 점에서는 대체로 의견이 일치한다.

각설하고 이러한 외부 기원론은 그 전이 과정을 제대로 설명하여 주고 있지 않다. 이를테면 주민이 이동하여 기술 정보를 교환하거나 물자를 유통시켰는지에 여부에 대해서 구체적인 설명이 없다. 더 나아가 같은 기하학 무늬 원형 청동거울이라는 점을 제외하고는 그들 중원과 시베리아 등지의 거울을 다뉴경의 기원이나 조형으로서 인정할 수 있는 근거도 명확하지 않다.

또 다른 문제는 문양(文樣) 그자체와 관련된다. 앞서 중원과 북방의 거울처럼 엽맥문과 성형문이 장식된 것은 다뉴경 중 늦은 B형의 거울이다. 이른 형식의 다뉴경은 A형 거울로서 연속 Z자 무늬 혹은 乙자형으로 이루어진 문양이 장식되었는데, 시베리아나 중원 어느 지역에서도 확인되지 않는다.

따라서 앞서 황하 유역 중 상류 지역에 위치한 중원과 그 서북 지역에서 발견되는 기하학문 청동거울은 문양은 물론 꼭지 등의 숫자로 보아 다뉴경의 직접적인 조형이라고 보기 어렵다. 지금까지의 자료로 본다면 다뉴경은 중국 동북 지역에서 그 형식이 처음 창안되었다고 할 수밖에 없는데,[8] 그러한 다뉴경을 어떠한 문화를 담당한 집단이 어떤 시공간적 맥락에서 처음 제작하였는지 설명이 필요하다.

---

8) 甲元眞之, 「中國青銅器の起源ど東北アジアへの展開」, 『東アジア青銅器の系譜』, 新彌生時代はじまり, 2008, 76-89쪽.

공반되는 비파형동검 등의 형식으로 보아 번개 무늬 다뉴경 중에서도 가장 이른 것으로 추정되는 청동거울은 요령성(遼寧省) 서부의 십이대영자(十二臺營子) 3호 무덤 유적에서 출토되었다. 내몽고 동부의 영성(寧城) 소흑석구(小黑石溝) 98NDXAIII M5호 무덤 유적에서도 비슷한 무늬의 거울이 출토되었지만, 좀더 변형된 모습을 보여주고 있다.

소흑석구 유물갖춤새는 하가점상층문화에 속하는 것으로 합주식(合鑄式) 동검을 비롯한 북방계, 청동제기를 비롯한 중원계 청동기가 조합된 반면, 십이대영자의 유물갖춤새는 이 유적의 이름을 딴 십이대영자문화에 속하는 바, 이에는 중원계와 북방계 청동기는 거의 보이지 않는다. 소흑석구의 비파형 동검은 합주식으로, 십이대영자 문화의 별주식(別鑄式) 동검이 검병(劍柄)과 조립된 전체 모양을 본 딴 것으로 한 단계 늦는 것으로 판단된다. 그렇다고 한다면 가장 이른 다뉴경은 Z자 연속무늬 A형 청동거울로서 십이대영자문화권에서 처음 제작되어 요하(遼河) 상류의 하가점상층문화권(河家店上層文化圈)으로 보급되었다고 볼 수 있다.

중국 동북 지역과 한반도 출토 다뉴경은 그 대부분 꼭지가 복수라는 점이 중원과 북방 거울과 확연하게 구별된다. 후자는 전부 꼭지가 1개인 바, 그러한 차이에도 불구하고 무늬가 비슷하다고 하여 직접적인 조형이라고 설명하는 것은 곤란하다.

한편 상호 일정한 차이가 있다 하더라도, 그 쓰임새와 상징이 전혀 관련이 없다고 단정 짓기 어렵다. 바꾸어 말하면 쓰임새와 상징은 같지만, 공간과 시간 혹은 집단에 따라서 그 형태적 속성에 차이가 있을 수 있는 것이다. 그러므로 상징과 기능의 측면에서 앞서 중원과 북방의 사례가 다뉴경과 전혀 관계없다고 말하기 어렵다. 이에 대해서는 입증할 직접적이고 가시적인 자료가 없지만, 다음에 소개하는 문헌기록과 민족지 자료를 통해서 유추해볼 수 있다.

2. 다뉴경의 제작

1) 청동 주물의 제작

인류가 실생활에 본격적으로 도구 제작에 사용하기 시작한 금속은 청동 합금이다. 그 주요성분은 구리와 주석이고 필요에 따라 납 등이 추가된다. 그 대표적인 광석이 구리의 경우 황동석(黃銅錫), 주석은 주석석(朱錫石)이다. 이들 암석 중 전자는 한반도 전역에 골고루 분포하지만, 후자는 거의 없다시피 하다. 한반도에 주석 광상이 없다시피 하므로 연구자에 따라서는 중국 지역으로부터 수입하였을 것이라고 추정하기도 한다.

그러나 오늘날 확인되는 광상이 없다고 해서 2천년여 전 이전에도 그렇다고 단정할 수는 없다. 당대에 노두 상태로 구할 수 있는 주석 광석물을 채취한 결과 오늘날 남아 있지 않을 수도 있다. 한편으로 한반도에도 주석 산지가 있다는 보고가 전혀 전하지 않는 것은 아니다. 일제강점기인 1920년대의 광물지에 따르면 황해도와 강원도의 고성(高城)과 통천(通川)에 주석석이 있다는 기록이 있다.[9)]

중국 상(商)나라 시대에 엄청난 양의 청동기가 황하 중류 유역에서 제작되었는 바, 그에 필요한 구리와 주석 광물의 대규모 산지가 오늘

---

9) 김원룡, 「익산 지역의 청동기문화」, 『마한백제문화』 2, 원광대학교 마한백제문화연구소, 1977.
____, 「조선시대의 銅」, 『세림한국학논총』 1집, 1978, 55-85쪽.

날 제작 공방 유적의 근거리에서는 확인되지 않는 사실이 참고가 된다.

청동기 원료의 산지를 추정함에 청동에 포함된 미량의 납 성분이 있고, 그것이 산지별로 각기 다른 양의 동위원소 비율을 갖고 있다는 사실을 활용한 납 방사성 동위원소 측정 방법이 있다. 이 방법은 일본에서 청동기 산지를 추정하는 데 적극 활용된 바 있으며,[10] 최근에 한국의 청동기 산지를 추정하는 데에도 활용되고 있다. 그러나 산지의 동광 분석자료가 충분하게 축적되지 않았을 뿐만 아니라, 추정되는 산지는 중국 동북부와 남부, 한반도 남부 등의 광역적인 수준으로 그 이하의 지리적 범위를 산정하기가 어렵다.[11]

제작하고자 하는 청동기의 기종에 따라 합금 성분의 비율이 달라진다. 거울처럼 매끄러운 반사면이 필요한 경우 일정한 비율의 주석이 필요하다고 한다. 중국의 고대 문헌 「주례(周禮) 고공기(考工記)」에 청동기의 6개 기종에 따라 합금의 이상적인 비율을 규정한 이른바 '금유육제(金有六齊)'가 있다. 그 중에 '금석반위지감수지제(金錫半謂之鑑燧之齊)'라는 기록이 있어 거울의 경우 주석은 구리의 반이어야 하는 바, 청동합금 전체로 보면 구리와 주석은 각각 66.7%와 33.3%로 풀이된다.[12]

우리나라에서도 다뉴경 실물의 합금 비율 분석 자료가 다수 확보되어 있다. 합금 당시 각 부위에 고루 섞이지 않아 차이가 있을 뿐만 아니라, 부식이 되면서 그에 따라 겉면과 속심 간에는 차이가 발생한

---

10) 馬淵久夫・平尾良光, 「東アジア鉛鑛石の鉛同位體比」, 『考古學雜誌』, 73-2, 1987.

11) 강형태・정광용・이기길, 「납동위원소비법에 의한 영광수동유적 청동기의 산지추정」, 『호남고고학보』 15, 2002.

12) 노태천, 『한국고대야금기술사 연구』, 학연문화사, 2000.

사례가 적지 않다. 실제로 봉산(鳳山) 송산리(宋山里) 거울의 구리 42.2, 주석 26.7%, 아산 남성리(南城里) 거울의 구리 39.5%, 주석 27.3%, 그리고 전주 원장동 1호 거울의 구리 8-22%, 주석 66-80%, 원장동 2호 거울의 구리 14-28%, 주석 61-72% 등의 분석치는 원래 합금의 조성을 보여주지 못하는 것으로 이해된다. 그 대부분 부식에 의한 것으로 추정될 수밖에 없다.[13] 그러나 화순 대곡리 거울 2점, 전주 효자동(孝子洞)과 논산 원북리(院北里)의 사례는 구리 64-66%, 주석 22-29% 범주에 있어 앞서 '금유육제' 중 거울의 합금 비율에 근접한다.

특히 숭실대 소장 전 논산 국보경의 경우 주연부 12부위, 거울 앞면 7부위, 거울 뒷면 7부위 모두 26개의 시료를 분석하여 산출한 분석치가 있어 그 합금 비율을 정확히 확인할 수 있다.[14] 이에 따르면 평균 합금 비율은 주연부의 경우 구리 61.6%, 주석 32.0%, 거울 앞면과 뒷면의 경우 구리 61.8%, 주석 32.5%로, 이 또한 앞서 말한 '금유육제'에 근접하였음을 알 수가 있다.

주석의 비율이 높을수록 구리 합금은 백동(白銅)이 되어 백색에 가깝고 반사율이 높아 거울의 기능이 증대된다. 그러나 인장력이 낮아지므로 쉽게 깨지기 쉬운 바, 30% 이상 그 비율을 높이기 어렵다. 따라서 논산과 화순에서 출토한 세문경은 거울의 용도에 최대한 맞춘 이상적인 합금 비율을 취한 것이라고 할 수 있다.

그러한 구리와 주석을 주성분으로 한 합금을 만드는 작업이 용이하

---

13) 전북문화재연구원, 『전주 원장동유적』, 2013.

14) 박학수 · 유혜선, 「국보 제141호 다뉴세문경의 미세조직과 원료」, 『한국기독교박물관 소장 국보 제14호 다뉴세문경 종합조사연구』, 숭실대학교 한국기독교박물관, 2009, 90-123쪽.

지 않은 바, 그 이유는 두 광석의 용융 온도가 다르기 때문이다. 구리는 약 1,084℃에 녹지만, 주석은 약 231℃에 녹아 그 이상의 온도에서는 증발한다. 따라서 먼저 높은 온도에서 구리를 녹인 다음 별도로 낮은 온도에서 녹인 주석을 섞는 과정은 짧은 시간에 정교한 처리가 필요하다. 다뉴경의 형태를 만들기 이전 청동 원료를 준비하는 과정에 이미 고도로 숙련된 기술이 전제되어야 한다는 것이다.

2) 거푸집의 제작

청동기는 그 대부분 거푸집에 주물을 부어 만든다. 청동기의 형태와 무늬는 거푸집에 의해 결정되는 바, 거푸집의 제작이 전체 청동기 제작 과정의 반 이상을 차지한다고 볼 수 있다.

거울의 거푸집 앞면은 평면 원형으로 전체를 한가운데가 평평하게 다듬는다. 평평하게 다듬었지만 거푸집에 주조한 직후 냉각이 되면서 수축이 되어 거울 실물은 앞면이 약간 우묵하게 들어간다고 하는데, 연구자에 따라서는 실제로 거푸집 제작 당시에 우묵하게 파내었다고 주장하기도 한다. 실제로 전북 익산 원북리 거울 등의 사례를 보면 앞면의 곡률이 심하여 수축 현상만으로 설명하기 어렵다.

뒷면은 뒤에 보겠지만 표면에 기하학 문양을 먼저 빽빽하게 새긴 다음 테두리를 원형으로 돌아가면서 단면의 골을 파내어 만든다. 그리고 문양부 중심에서 어느 정도 벗어난 곳에 2개 혹은 3개의 꼭지의 형상을 만든다. 꼭지의 경우 그 측면에 끈을 매달기 위한 구멍을 내야 하므로, 그 부분은 중자(中子)를 만들어 끼워 넣는다. 문양을 먼저 새긴 다음에 중자를 설치하기 때문에 그 부분의 문양이 뭉개지기 마련이다.[15] 이처럼 거울의 앞면과 뒷면을 새긴 것을 한 쌍 만들어 조합을 한 다음 최종적으로 주물을 부어 넣을 수 있는 탕구(湯口)를 설치하는 것이다.

거푸집은 석제와 토제가 있는데, 지금까지 중국 동북 지역과 한반도에서 발견된 청동거울의 거푸집 실물은 전부 석제품이다. 중국 길림 지역의 통화(通化) 영액포(榮額浦), 대가산(大架山)과 동요(東遼) 남산강(南山崗)의 사례, 한반도에서는 앞뒷면에 각 1면의 거울 무늬를 새긴 평남 맹산 출토 예, 그리고 전남 영암 출토 1점이 있는데, 영암의 사례를 제외하고는 모두 B형에 속한다. 이를 통해 B형 거울은 그 대부분 석제 거푸집으로 제작되었다는 것이 다수의 연구자 견해이다.

영암 거푸집은 문양은 새겨져 있지 않고 단지 반원형 주연부와 오목렌즈형의 꼭지가 새겨져 있을 뿐이다. 따라서 직접 거푸집으로 사

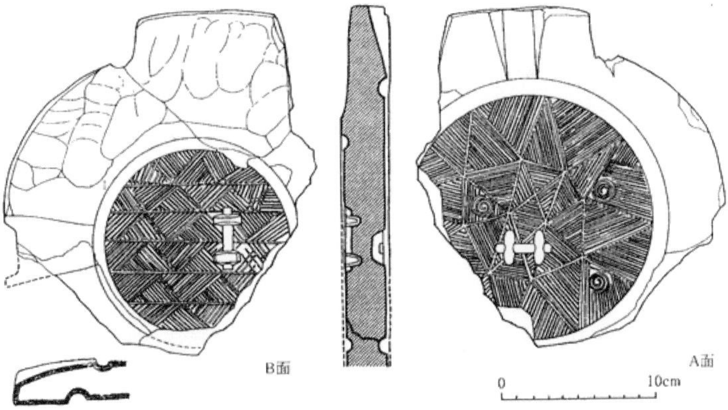

그림 2-2 맹산 남양리 다뉴경 거푸집 (고모토 마사유키 1990)

15) 이양수, 「다뉴세문경의 도안과 제작기술의 발전」, 『한국기독교박물관 소장 국보 제14호 다뉴세문경 종합조사연구』, 숭실대학교 한국기독교박물관, 2009, 33-58쪽.

용되지 않은 테스트용이라고 할 수 있겠다. 주연부와 꼭지의 형태도 그렇지만, 세형동검, 세형동과, 유견 동부 등의 거푸집 등이 함께 전하므로 그 세트 관계로 보아 C형 세문경에 속한다(그림 2-3).

그러나 실제 발견례가 없음에도 C형 거울은 토제 거푸집으로 제작되었다는 주장이 일반화되었으며, 그러한 주장에는 다음과 같은 몇가지 논거가 제시되고 있다. 무엇보다도 복잡한 세선무늬를 새기는 데 석제품이 부적합하다는 것이다. 바탕 재질이 가는 선을 치밀하게 새길 수 있을 만큼 음각이 용이할 뿐만 아니라 그 입자가 치밀하여야 하는 바, 그것은 점토 제품이 아니면 않된다는 게 이유이다.[16] 최근에는 B형 거울조차도 문양선이 매끈하지 못한 전주 여의동 사례를 통해 토제 거푸집에 의해서 제작되었다고 주장되기도 한다.[17]

또 하나는 정교한 조각의 청동거울을 비롯한 각종 청동기를 제작한 토제 거푸집이 중국에서 다수 발견되었다는 사실이 그 근거가 된다.

그림 2-3 전 영암 세문경 거푸집 (숭실대한국기독교박물관)

16) 清水康二 · 三船溫尙, 「鏡笵研究の現狀と課題」, 『鏡笵研究』 1, 奈良縣立彊原考古學硏究所, 2004, 1-13쪽.

17) 이양수, 『한반도 삼한 삼국시대 동경의 고고학적 연구』, 부산대박사학위논문, 2010.

상나라 이전부터 각종 정교한 장식이 조각되고 다양한 형태의 청동제기를 제작했던 토제 거푸집 파편이 은허(殷墟)의 공방 유적에 다량 발견된 바 있다. 그러한 청동제기는 춘추시대를 거쳐 전국시대로 계승되며, 드물지만 토제로 제작된 동경의 거푸집 또한 한대(漢代) 전후에 속하는 것으로 발견된 사례가 있다. 최근에 산동(山東) 임치(臨淄)의 제국고성(濟國古城) 유적의 공방 수혈유구에서 발견된 다수의 토제 거푸집이 그 대표적인 사례이다.[18)]

따라서 전국(戰國) 연(燕)에 이어 진한(秦漢)과의 교류를 통해서 얼마든지 토제 거푸집을 이용한 청동거울 제작 기술이 중국 동북 지역과 한반도에 전래될 가능성을 부인할 수 없다. 다만 토제 거푸집이 한반도에서 발견되지 않는 것은 주물을 붓고 일정시간 냉각시킨 다음 토제 거푸집을 해체하고, 그 소재를 재사용하기 때문이라고 설명한다.[19)]

2009년에 실시된 전 논산 출토 국보경의 세밀한 조사 분석 작업에 따르면[20)] 거울의 한쪽 결함면에 주물사(鑄物砂)가 삽입된 사실이 관찰됨으로써 토제 중에서도 주물사 거푸집으로 주조되었음을 확인하였다고 전한다. 또한 거울 주연부에 문양이 있는 본체 파편이 이탈 부착된 사례가 있어, 이를 토제 거푸집의 표면 일부가 박리된 것으로 추정되고 있다.[21)]

---

18) 楊勇外, 「山洞臨淄齊故城 秦漢銅鏡鑄造作坊遺址」, 『2013 中國重要考古發現』, 文物出版社, 2014, 64-67쪽.

19) 淸水康二 · 三船溫尙, 위의 논문, 2004.

20) 박학수, 「국보 제141호 다뉴세문경의 제작기술」, 『한국기독교박물관 소장 국보 제14호 다뉴세문경 종합조사연구』, 숭실대학교 한국기독교박물관, 2009, 60-74쪽.

21) 전자의 경우 무덤에 매납된 후 오랫동안 거울 틈새에 침전되어 메꾸어질 가능성이 있음을 고려해야 한다. 후자의 경우 활석제 거푸집의 표면에 비

한편으로 C형 거울이 석제품으로 제작될 수 있다는 주장도 조심스럽게 제시되고 있다. 그 가장 큰 이유의 중에 하나가 토제 거푸집에 세선(細線)을 음각 표현하는 일이 용이하지 않다는 것이다. 오히려 제작 실험한 장인의 보고에 따르면 세문경의 정교한 문양을 새기는데 거친 화강암이나 각섬석, 사암 등은 곤란하지만, 활석 제품은 적합하다고 한다. 활석은 경도가 1-1.5 정도로 무르고, 입자가 치밀할 뿐만 아니라, 용융 온도가 1,400℃를 넘어 불에 잘 견디는 성질을 갖고 있다. 그러한 활석 표면에 가는 선이 매끄럽게 음각될 뿐만 아니라, 대부분 선의 간격이 치밀하더라도 서로 간섭하거나 겹치는 현상이 거의 없다는 것이다. 물론 이물질이 간혹 섞여 있는 경우 의도하고자 하는 모양 대로 선이 새겨지지 않는 경우가 전혀 없지는 않다고 한다.[22) 이러한 모든 논거를 종합해보면 아직까지 C형경이 모두 석제 아니면 토제라고 속단하기 어려운 바, 장래 더 많은 고고학적 자료가 확보되고, 제작 실험과 현미경적 관찰이 이루어져야 확실해질 수 있다.

3) 문양의 새김

토제 거푸집으로 청동거울을 제작하는 방법으로 밀납 등의 모형을 만들고, 이를 본떠서 거푸집을 만들었다는 안이 검토될 수 있지만 실제로 불가능하다. 그러한 방법은 B, C형 거울과 비슷한 시기에 남한에서 보급된 검파형동기, 방패형동기 등의 이형동기와 팔주령, 간두

슷한 현상이 제작 실험을 통해 확인되었다는 주장도 있어 그 또한 토제 거푸집을 입증하는 증거라고 단정하기 어렵다. 이완규 전언.

22) 곽동해 · 이완규, 「다뉴세문경 제작비법 연구」, 『동악미술사학』 vol.7, 2006, 61-72쪽.

령, 쌍두령 등의 청동방울을 제작하는 데 적합하다. 이들 청동기 표면에 표현된 문양 선은 그 대부분이 음각 처리되거나 도장으로 찍은 것이므로 모형 제작이 용이하기 때문이다. 그러나 다뉴경은 전부가 거울 배면에 표현된 평행집선문과 동심원문 등의 문양이 세선으로 양각되었기 때문에 모형에서의 작업이 불가능한 것이다.

밀납 모형을 만들고 그것을 주물사로 다지거나 고운 점토를 바른 다음 소성하여 그것을 녹여 내서 거푸집을 제작하는 방법이 제시되고 있지만[23] 모형을 본 떠낼 거울 실물이 없으면, 거푸집이 어차피 제작되어야 한다. 그러므로 다뉴경은 모형 제작 없이 거푸집에 직접 음각하여 문양을 표현하는 방법을 통하여 제작할 수밖에 없다.

거울 뒷면 전체에 걸친 기하학 무늬는 전부 가는 선을 양각으로 촘촘하게 표현되어 있다. 그러한 문양의 시문 과정은 1) 전체 구도를 기획하는 단계, 2) 문양대 구획선을 새기는 단계, 3) 각 부분의 단위 문양을 새기는 단계로 나누어 살필 수 있다.

우선 첫 번째의 구도 기획은 머릿속으로 이루어질 수도 있지만, 실제로 어떤 방식으로든 스케치를 통하여 이루어진 것으로 보인다. 특히 단위 문양이 복잡하고 정연하게 조합된 C형 거울인 경우 더욱 그러하다. 문양이 복잡하지 않은 A, B형경 중에서도 전체 구도가 정연하게 짜여진 거울의 경우, 거푸집에 문양을 그리기 전에 스케치되었을 가능성은 더욱 높다. 그러한 스케치 방식을 어떻게 하였는지 단정할 수는 없으나, 실제로 A형 거울을 대표하는 십이대영자 거울의 문양을 짐승가죽 위에 설계하는 방식을 실험한 사례도 있다.[24]

---

23) 윤용현 · 조남철, 「청동잔무늬거울의 복원제작기술과 과학적 분석」, 『보존과학지』 Vol.28 No.4, 2012, 417-424쪽.

24) 中口裕, 「革型による十二台營子鏡の鑄造技術」, 『古文化談叢』 6-7, 1980,

문양의 구도를 잡아가는 데 A형 거울의 경우 별도의 세부 구획 과정을 거치지 않는다. 그뿐만 아니라 문양을 표현하는 평면 형태가 원형이라는 사실을 거의 고려하지 않고 있다. 2개의 선으로 Z자형 혹은 그와 유사한 모양을 연속적으로 시문하고 그 주위를 평행집선문으로 메꾸었는데, 그 시작과 끝이 도중에 짤린 형국이다. 그것은 다음 C형은 물론 B형 거울이 원형 바탕인 점을 염두에 두고 문양대를 구획하고 그 내부에 단위 문양이 채워진 것과 대조된다.

특히 상당수의 C형 거울을 보면 내 · 중 · 외구 자체는 물론 같은 중구 문양대가 다수의 동심원으로 구획 분할되고 있어 그에 따라 단위 문양도 복잡하게 작도된다. 단위 문양은 삼각형, 방형 혹은 원형 등으로 표현되는데, 그 내부를 여러 줄의 평행선으로 채우는 것이 일반적이다. 원형의 대부분은 그 내부를 다수의 동심원으로 채운다.

문양을 새기는 데 특히 주목되는 것은 뾰족 끝 도구의 사용이다. 단지 2-3개의 동심원으로 이루어진 구획대(區劃帶)의 경우 단치구(單齒具)를 이용하여 다른 지름의 원을 각각 그린 결과이다. 그러나 지름의 차이가 일정하여 문양 구획대의 폭이 같고 구획된 동심원의 숫자가 10여 개 이상일 경우, 일정한 간격으로 바늘이 조합을 이룬 다치구(多齒具)에 의해 동시에 그려졌을 가능성이 높다.[25)]

무형문화재 기술 보유자의 실험에 따르면 다치구는 거푸집 주조와 숫돌 마연을 통하여 청동제품으로 제작이 가능하다.[26)] 즉 평평한 활석의 표면에 세장방형의 홈을 파낸 다음, 그 내부에 좁은 폭 방향으로

237-244쪽.

25) 中口裕 · 杉山林繼 · 村松洋介, 「多鈕鏡の觀察と使用痕迹について」, 『東アジアにおける新石器文化と日本』, 國學院大學 21世紀 2004年度考古學調査硏究報告, 2005.

26) 이완규, 『한국의 문화유산 靑銅器 비밀을 풀다』, 2014, 29쪽.

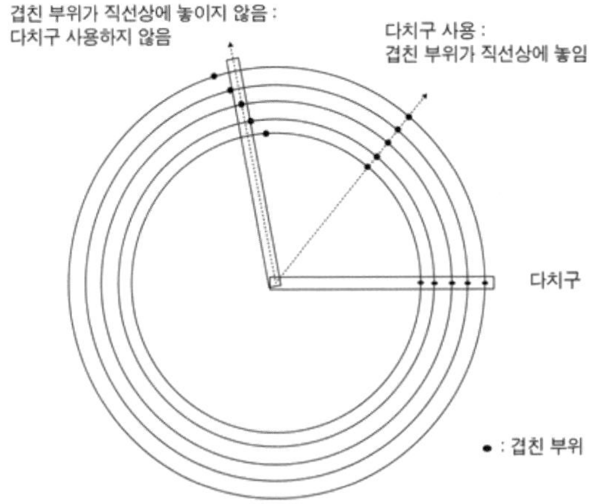

그림 2-4 동심 구획문의 시문 (위: 박학수 2009, 아래: 이완규 2014)

동심원간의 사이만큼 거리를 두고 가는 선을 새긴다. 그렇게 만든 거푸집에 주물을 부어 식히면 좁고 긴 평면에 다수의 양각 평행선을 갖춘 제품이 제작되고, 그 제품을 다시 마연수법으로 얇게 다듬으면 뾰족 끝 다치구가 만들어지는 것이다.

다수의 원으로 이루어진 동심원문이라도 다치구로 제작되지 않았다고 주장하는 의견도 있다. 다치구에 의한 동심원이라면 그 시작점이 동일 선상에 놓여야 하는데, 관찰 결과에 따르면 그렇지 않다는 것이다(그림 2-4).[27] 달리 생각한다면 그가 파악한 시작점은 선을 새길 때 거푸집 표면에 있는 결함 부위를 지나가면서 살짝 일탈한 경우일 가능성도 있다.

이러한 시문 작업은 고도로 섬세한 기술과 집중된 주의력, 그리고 많은 시간을 필요로 한다. 특히 C형 거울의 경우 거푸집 표면에 선의 두께 0.3mm, 선 사이의 폭 0.8mm 정도의 선을 새기는 작업은 섬세한 관찰과 정교한 손놀림을 장시간 필요로 하는 장기간 고도로 숙련을 필요로 한다. 문화재 기능 보유자가 지름 20cm 정도의 C형 거울을 대표하는 전 영암 출토 다뉴세문경의 문양을 실제로 작도한 바에 따르면 총 500여 시간이 소요되었다고 한다.[28] 그러한 시문 작업이 이루어진 거푸집에 청동주물을 부어 만든 거울은 모든 단위 문양이 당초 구상대로 정연하게 양각으로 표현되어야 한다.

그렇지만 전 세계적으로 그 사례를 찾아 보기 힘들 정도로 워낙 촘촘하게 새겨진 평행집선문, 사격자문 혹은 동심원문이 많아 음각 과정에서 오류가 발생하기 마련이다. 그 대부분은 단위 문양 수준의 오류나 일탈이어서 원래 기획된 평행 집선이 중복되던가, 혹은 구획 경계선을 넘거나 미치지 못하는가 하면 아예 선이 새겨지지 않는 경우도 많다. 이러한 일탈 사례는 원래 기획된 디자인과 다른 일종의 불량 제품이라 할 수 있다. 그러한 불량 제품이 제작되는 경우 일차적으로는 장인의 집중력과 숙련도의 문제이지만, 일단 문양이 새겨지면 수정하기 어려운 재질상의 문제도 있는 것으로 이해된다.

27) 박학수, 앞의 문헌, 2009.
28) 이완규 전언.

문양 자체를 시문하거나, 거푸집을 제작 조립하는 과정에서 불가피하게 발생한 결함을 수정하는 사례가 있다. 전자를 대표하는 것으로 다치구로 묘사하는 과정에 결함이 생긴 외구 동심원문의 중심 부위, 후자의 경우 꼭지의 구멍 부위에 중자를 조립하는 과정에서 그와 맞닿는 문양 부위의 사례가 확인된다.

문양의 결함을 수정하는 데 점토를 덧씌우거나, 문질러서 문양선을 없앤 다음 그위에 그리는 방법이 있다. 그러한 흔적이 여러 C형 거울에서 확인되는데, 이를 토제 거푸집의 증거로 삼기도 하지만, 석제 거푸집으로도 불가능하다고 볼 수 없다.

토제 거푸집의 경우 선각된 후 수정이 상대적으로 수월한 반면, 석제 거푸집은 그렇지 않을 것인데, 실제로 거울 실물에 수정하지 않은 사례가 많다. 이러한 사실을 고려하면 C형 거울에 토제 거푸집과 함께 석제 거푸집이 사용되었을 가능성도 충분하다고 하겠다.

또한 거푸집의 문양 부위가 떨어져 원 위치에서 이탈된 상태로 주조된 사례가 C형 거울에서 다수 확인되는데, 이 또한 석제 거푸집에서 발생하였을 가능성을 배제 못한다. 점토제일 경우 오히려 문양 부위가 이탈하기가 어려울 수 있는 것이다.

3. 다뉴경의 사용

대부분의 다뉴경은 오늘날 무덤에 부장된 상태로 전하므로, 소유자가 죽은 후에 부장용으로 사용되었음을 알 수 있다. 그러나 생전에 어떻게 사용되었는지는 정확하게 알기 어려운데, 한중일 동아시아 지역에 전하는 중세 이전의 문헌 기록이나 근대 민족지 자료를 통해서 간접적으로나마 짐작할 수 있다. 물론 이들 자료를 통해서 설명이 가능한 청동거울은 형태 자체가 다뉴경과 다를 뿐만 아니라, 그 유물이 속한 역사 문화적 배경 또한 다르다.

무엇보다도 다뉴경은 실제 얼굴을 비추어 보는 용도로 손잡이가 달린 거울이 실용성이 높은 것과 달리, 뒷면에 꼭지가 달린 원형의 거울은 해와 달의 이미지를 닮아서 그 상징성이 높은 것으로 이해된다.

고대 동아시아의 청동제 원형 거울의 쓰임새나 상징을 보여주는 근거로 문헌 기록과 민족지 자료를 들 수 있는데, 시베리아 지역의 구전설화, 일본의 고대 기록 신화, 중국의 고대 기록과 동경의 명문(銘文), 그리고 한국 무당의 명두거울 등의 민속 사례가 있다.

알타이 주민들 사이에 구전되는 신화에 해와 달이 없던 옛날에 두 사람의 여신이 나타나 두 개의 금속거울을 갖고서 하늘에 놓아 지구를 밝게 비추었다는 내용이 전하며, 일본의 고대 기록에 전하는 신화에도 신의 탄생과 관련된 거울이 등장한다.

신선과 도교사상이 체계적으로 정리된 기원 4세기 초의 동진(東晋) 갈홍(葛洪)이 지은 『포박자(抱朴子)』라는 중국의 문헌 기록에 거울이 갖는 일월(日月)의 상징성이 잘 나타나 있다. 그 기록에 보면 음수(陰遂)로써 달에서 물을 구하고, 양수(陽遂)로써 해에서 불을 구하여 본다는 내용이 전한다. 후자는 오목거울로 햇빛을 모아서 채화(採火)하는 것을 의미하며, 전자는 청동거울 면에 이슬이 생기는 현상과 관련있는 것으로 이해되고 있다.[29)]

다뉴경보다 다소 늦은 기원전 1세기 전한대(前漢代)에 속하는 중국 거울 실물 자체에 명문(銘文)이 있어 해와 달의 상징성이 부각되는

---

29) 中村潤子, 『鏡の力鏡の想い』, 大巧社, 1999.

사례가 다수 전한다. “견일지광(見日之光)” “광휘상부혜일월(光輝相扶兮日月)”의 글귀가 있는 거울이 바로 그것이다. 다뉴경도 이러한 상징적 의미를 가졌다고 짐작되는데, 무엇보다도 그것은 형태와 관계없이 거울 자체가 빛을 반사하는 기능을 갖고 있기 때문에 그러하다. 아울러 거울 자체가 해와 달처럼 둥근 모습일 뿐만 아니라, 다뉴경의 무늬가 각기 세부적으로 차이가 있지만, 모두 태양 혹은 빛을 묘사한 것이라는 해석을 고려하면 더욱 그러하다.

이러한 거울을 어떻게 사용했는지에 대해서 우리나라에서는 조선시대의 기록의 사례가 있어 주목된다.[30) 『연산군일기(燕山君日記)』에 따르면 연산군 9년(1503년)에 “국무(國巫) 돌비(乭非)는 술법(術法)이 많아 거울을 방안에 걸어놓고 말하기를 ‘신이 그 안에 있는데 사람들은 보지 못한다’”는 내용이 있다. 또한 이익(李瀷)의 『성호사설(星湖僿說)』에는 “시골 무당이 만명신(萬明神)을 숭상하고 받들어, 백성들에게 질병이 있으면 곧 그 신에게 기도했다. 이를 받드는 자들이 큰 거울을 벽에 걸어놓았다. 거울은 반드시 활처럼 휜 모양인데, 이것은 아마 신라 풍속일 것이다.”라는 내용이 전한다.

청동거울을 조선시대의 무당이 무구(巫具)로 활용하였음을 간접적으로 입증하는 자료로써 명도라는 이름의 신물(神物)이 있다. 민속 자료에 의하면 거울은 곤을이라고도 하고 명도(明圖)라고 한다. 곤을은 신의 거울, 신경(神鏡)이라는 뜻이고, 명도는 해와 달의 일월도(日月圖) 혹은 신의 얼굴이라는 뜻이라고 한다.[31) 역시 둥근 형태로 앞면은 그릇 뚜껑처럼 약간 불룩하게 튀어나와 있는 것이 차이가 난다.

---

30) 김광우, 「거울을 걸어둠 그리고 부적」, 『광우의 문화읽기』, 2009. http://blog.daum.net/misulmun49

31) 赤松智城・秋葉隆, 『朝鮮巫俗の硏究』, 1938.

앞면은 마연하여 사물을 비추어 볼 수 있으나, 뒷면은 해, 초승달, 별이 그려져 있거나 일월명도, 칠성명도 등 이름이 쓰여 있다. 크기는 직경 20cm부터 10cm 범위에 있는데, 무당들이 대 · 중 · 소 세 종류로 구분하여 명도를 다수 보유하고 있는 바, 경력이 오래된 무당일수록 그 숫자가 많다.

오늘날 전하는 명도는 상징과 용도에 따라 12종으로 구분된다. 그중 무당들이 가장 많이 보유하고 소중하게 생각하는 명도는 일월명도이다.[32] 그것은 처음으로 무당이 될 때 일월대를 통하여 천지신명과 교감했다고 이해하기 때문인 것으로 전한다.

신당(神堂)의 벽면에 오로지 명도만을 걸어 놓는 경우도 있지만, 무신도를 봉안하고 그 상단 중앙에 걸기도 하거나 치마 또는 바지와 저고리 위에 얼굴 형상을 만든 후 벽에 봉안(奉安)하기도 한다. 20세기까지 전하는 황해도 굿에서는 대신발[33] 끝 부분에 명도를 매달아 신령의 뜻을 전달받는다고 한다. 또는 명도쇠라 하는 소형 명도를 아흔아홉 상쇠방울에 매달아 신령과 교감하거나 잡귀를 내쫓는 기능에 사용하기도 한다.[34] 무당들이 무업(巫業)을 그만두게 되면 땅에 묻기 때문에 이러한 명도가 오래된 것은 흔하지 않다고 한다. 예외적으로 큰 무당인 신어머니가 제자인 신딸에게 대를 물릴 경우 주는 사례도 보고되고 있다(그림 2-5).

명도와 비슷한 사례는 몽고, 만주, 시베리아의 샤만의 무복(巫服)에서 확인된다. 대표적으로 흑룡강성(黑龍江省)의 송화강 하류에 위치

32) 양종승, 「무당귀물(鬼物) 연구-'삼국유사'의 삼부인(三符印)과 무당의 거울 · 칼 · 방울을 중심으로」, 『생활문물연구』 2호, 국립민속박물관, 2001.
33) 천이나 한지로 위는 얼굴처럼 둥글게 감싸고 그 아래로 여러 가락이 늘어뜨려 만든 것으로 신령을 청하는 데 사용하는 무구를 말한다.
34) 조성제, 「명두의 의미와 용도」, 2005. http://blog.naver.com/muam777

그림 2-5 일월명두 (국립민속박물관)

한 삼강(三江) 평원에 거주한 혼치엔족의 샤만 복장의 사례가 있어 주목된다.[35] 복장은 모자와 상의, 그리고 하의가 있는데, 모자와 상의에 크기가 다른 거울 다수가 부착되어 있다. 거울은 그 직경이 4cm 정도의 소형경(小形鏡), 12cm 정도의 중형경(中形鏡), 그리고 30cm 정도의 대형경(大形鏡)으로 구분되는데, 각각 모자와 가슴, 그리고 등쪽에 위치한다. 우선 소형경은 머리를 보호하는 거울로 모자의 한가운데, 중형경은 가슴을 보호하는 거울로 가슴쪽에 3개, 그리고 대형경은 등을 보호하는 거울로 등에 9-15개 정도가 부착되어 있다.

중국 동북 지역의 이민하 유역에 거주하는 누민첸족 무당의 무복을 보면 앞면에 38개의 거울이 달려 있다. 그중 직경 12cm의 중형경은 좌우 상부 가슴 쪽에 각각 1점씩 달리고, 직경 8-8.5cm 소형경은 좌우 각각 17, 19개가 그 아래에 달려 있었다.[36] 무복의 등 쪽에는 직경

35) 甲元眞之, 「鏡」, 『彌生文化の硏究』 8, 1989, 43-53쪽.
36) 金權九, 「만주 서북지방 巫服一例와 民族誌考古學」, 『鶴山 金廷鶴博士 頌壽紀念論叢- 韓國古代史와 考古學』, 2000, 771-788쪽.

그림 2-6 만주 샤만의 복장 (김권구 2000)

20cm 정도의 대형경 1점과 함께 직경 10-15cm의 중형경 6점이 부착되어 있어, 세부적인 차이는 있지만 대체적인 크기와 부착 위치는 앞서 혼치엔 족의 그것과 같다(그림 2-6).

이러한 무당의 명도나 무복의 거울은 다뉴경과 달리 앞면이 볼록하다. 또한 주연부가 없을 뿐만 아니라 뒷면에 문양이 없다는 점이 다르다. 뒷면에 매달기 위한 꼭지도 1개이어서 다뉴경의 경우 꼭지가 2-3개 달린 것이 그와 다른데, 이것이 앞서와 쓰임새에서의 차이를 반영하였을 가능성이 있다. 다뉴경 꼭지의 위치를 보면 두 개의 경우 중앙 상부 한쪽에 병렬로 치우쳐 있고, 세 개의 경우 그중 두 개는 앞서와 같지만, 한 개는 중앙 하부에 배치되어 있다. 전자는 20-15cm의 대형과 중형, 후자의 경우 그 대부분이 직경 10cm 미만의 소형으로 양자 간에 쓰임새와 상징에 일정한 차이가 있을 것이다.

우선 샤만 복장의 사례를 통해서 크기별로 거울의 부착 위치가 다른 사실이 확인된다. 다음에 보듯이 다뉴경의 크기도 10cm 내외의 소형경, 15cm 내외의 중형경 그리고 20cm 내외의 대형경으로 구분된다. 그에 따라 다뉴경의 경우도 옷에 부착되었다고 한다면 크기에 따라 각각 그 위치가 다른 것으로 추정할 수 있다. 그러나 앞서 샤만의 민족지 자료를 보면 옷에 수십 점의 청동거울을 달고 있어, 한 사람의 무덤에 부장된 다뉴경은 대부분 1점이고, 기껏 많아야 3-5점 정도인 것과 다르다.

거울을 무구(巫具)로 사용한 방식을 이해하는 데 중국 동북 지역에 거주한 여진족에 대한 송(宋)나라 사신의 기록에 제의 광경을 소개한 내용이 참고가 된다. 이에 따르면 5-6명의 여자 샤만이 격렬하게 춤을 추는데, 양손에 거울을 쥐고 위아래로 흔들면서 거울에 반사되는 빛을 관중을 향하여 비춘다는 것이다.[37]

다뉴경도 이처럼 제사 의례 과정 중에 손에 쥐고 흔드는 무구로 사용되었을 가능성이 있다. 신을 청하거나 악귀를 쫓아내는 목적으로 청동으로 만든 방울 혹은 가죽으로 만든 북은 손에 쥐고 흔들어 소리를 내는 데 사용되었지만, 거울의 경우 빛을 반사하거나 비추는 방식으로 활용하였을 것이다.

이러한 맥락에서 C형 거울과 팔주령(八珠鈴) 등을 무덤에 부장한 다뉴경 시대의 우두머리는 제사장의 역할을 수행하였음을 미루어 짐작할 수 있다.

37) 甲元眞之, 위의 문헌, 1989.

제3장 다뉴경의 형식 분류

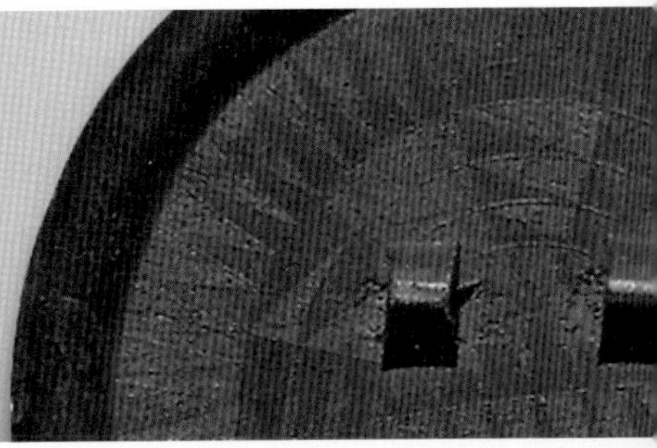

1. 분류안의 검토

자료의 시간적 변천과 공간적 분포 나아가 그것을 둘러싼 문화적인 현상을 적절하게 설명하기 위해서 고고학 자료를 형식 분류하는 바, 형식은 기술적 · 형태적 · 기능적인 여러 속성의 조합으로 이루어져 있다.

다뉴경(多鈕鏡)의 형태적인 속성으로 거울 뒷면에 장식된 무늬와 선의 굵기를 비롯하여 주연부와 꼭지의 형태와 숫자 등을 들 수 있다. 기술적인 것으로 토제(土製) 혹은 석제(石製) 용범(鎔范) 제작 여부, 기능적인 속성과 관련해서는 거울 앞면의 곡률(曲率), 즉 오목경, 볼록경, 평면경 등으로 제시할 수 있다.[1]

다뉴경의 형식 분류에 대해서 지금까지 제시된 연구자들의 의견을 종합하면 2대와 3대 분류안으로 구분된다. 그 분류안은 세문경을 하나의 상위형으로 인정하는 점에서는 공통되는 바, 상위 형식 분류의 논의 대상은 조문경을 어떻게 세분하는가에 있다. 이러한 사실을 고

1) 趙鎭先, 「다뉴조문경의 形式變遷과 地域的 發展過程」, 『한국상고사학보』 62, 한국상고사학회, 2008.

려하여 조문경과 세문경별로 그동안 여러 연구자들이 제시한 분류안을 검토하여 형식 분류의 기초로 삼고자 한다. 단 1960년대 이전 선학들의 분류안에 대해서는 이미 충분하게 검토되었으므로, 단위 문양의 개념이 도입되고 본격적인 형식 분류안이 제시된 1970년대 이후의 안을 중점 두어 검토하기로 한다.

1) 조문경의 분류

먼저 우노 다카오(宇野隆夫)는 주연부 단면의 형태와 뒷면에 시문(施文)된 단위 문양을 고려하여 비면연(匕面緣)에 Z자형 문양을 A식, 돌기연(突起緣)에 복선성형문(複線星形文)과 외구(外區)의 대합삼각문(對合三角文) 문양을 장식한 것을 B식으로 하여 조문경(粗文鏡)을 분류하였다.[2] A식은 Z자문의 변이정도를 고려하여 십이대영자경(十二臺營子鏡) AI식, 정가와자경(鄭家窪子鏡) AII식으로 세분하였다. B식에 대해서는 우선 돌기형과 반구형(半球形)의 주연부 속성을 제1기준으로 하고, 내외구의 구획(區劃) 여부를 고려하여 돌기연의 무구획(無區劃) 성형문(星形文) BI식, 돌기연의 무구획 대합삼각문(對合三角文) BII식, 반구연(半球緣)의 내외구 구획 대합삼각문 BIII식, 반구연(半球緣)의 내외구 성형문을 BIV식으로 세분하였다.

이러한 우노의 분류는 나름대로 적절한 체계를 갖추었다고 볼 수 있으나, 상당수의 조문경이 어느 분류 기준에도 적용되지 않는다는 결정적인 약점을 갖고 있다. 배면 전체를 평행선으로 구획하고 대합삼각문을 배치한 전 전북, 전 맹산 용범의 예는 물론, 무문경 다수 그

2) 宇野隆夫, 「多鈕鏡の研究」, 『史林』 60-1, 1977.

리고 엽맥문(葉脈文)의 단동(丹東) 조가보(趙家堡), 집안(集安) 오도령구문(五道嶺溝門), 황해(黃海) 연안(延安) 소아리(小牙里)의 예가 어느 분류 기준에도 속하지 않는 것이다. 이러한 사실은 단위 문양의 관점에서 접근하기 어려운 동경이 있음을 말해주는 것으로 실제로 A형 조문경(粗文鏡)과 B형 조세문경(粗細文鏡)의 상당수가 단위 문양보다는 문양의 구도라는 관점에서 접근할 수밖에 없다. 다만 단위 문양의 개념은 C형 세문경(細文鏡)에서 적극적으로 적용될 수 있는 것임을 인식할 필요가 있다.

전영래(全榮來)도 조문경을 A, B형으로 구분하였는데, 전자는 복선의 乙자형문, 후자는 단선의 삼각문을 시문한 거울으로서, 우노의 그것과 큰 차이가 없다.[3] A형 중 복선 乙자문이 정형을 이룬 십이대영자경을 AI식, 부정형의 정가와자경(鄭家窪子鏡)을 AII식, 그리고 비면연(匕面緣)에 외구구대문(外區溝帶文)을 갖춘 전(傳) 평양경(平壤鏡) 등을 AIII식으로 세분하였다. B형은 폭 좁은 구대문(溝帶文) 외구와 乙자형문 내구를 갖춘 전(傳) 평남(平南) 성천(成川)과 익산(益山) 오금산경(五金山鏡)을 BI식, 같은 외구에 대합삼각횡렬문(對合三角橫列文) 내구를 갖춘 익산 다송리경(多松里鏡)을 BII식, 외구 없이 다각성형문(多角星形文)을 갖춘 대전 괴정동(槐亭洞), 부여 연화리(蓮花里), 전 평남 맹산(盟山)과 중화(中和)의 예를 BIII식, 그리고 내외중구 3구를 구획하고 외구와 중구에 대합삼각열권대(對合三角列圈帶)를 두른 대전 괴정동(槐亭洞), 아산 남성리(南城里) 경(鏡)을 BIV식으로 중분류한 다음 각 중위 형식을 a, b의 하위 형식으로 세분하였다. 그럼으로써 우노가 제시한 안의 문제점을 보완하였으나, 제시된 분류 속성

---

3) 全榮來, 「韓國青銅器文化의 系譜와 編年」, 『全北遺蹟調査報告』 7, 1977.

의 기준이 일정하지 않은 새로운 문제가 발생하고 무문경(無文鏡) 다수와 황해 소아리(小雅里), 단동 조가보 등의 동경을 분류 체계 내에 포괄하지 못한 약점도 여전히 남아 있다.

고모토 마사유키(甲元眞之)는 문양 구성, 주연부 형태, 문양 요소 등의 세 가지 속성을 기준으로 하여 조문경을 7개의 하위 형식으로 세분하였다.[4] 1식은 비면연에 정삼각의 구대문(溝帶文), II식은 비면연의 사삼각(斜三角) 구대문, III식은 돌기연에 2개 문양대와 구대문, IV식은 돌기연에 2개 문양대와 충전삼각문(充塡三角文), V형식은 반구형 주연부에 2개의 문양대, VI형식은 반구형에 3개의 문양대, VII형식은 무문경 등으로 세분하였다. 앞의 연구자와 달리 무문경을 별도의 형식으로 세분하였고, 분류 기준이 비교적 일관되고 명확한 것이 장점이다. 그러나 전형적인 비파형동검을 공반하는 요령(遼寧) 본계(本溪) 양가촌(梁家村)이나 세형동검을 공반한 아산 남성리의 예가 하위 형식은 다르다고 하나, 상위형으로서 모두 동일한 조문경으로 분류되는 것은 문제가 있다.

미야자토 오사무(宮里修)는 배면 문양을 분류 기준으로 삼아 조문경을 A, B, C, D식으로 4대분류하였다.[5] A식에는 우노가 각각 별도의 형식으로 구분한 Z자문경과 대합삼각문경, B식에는 중앙이 공백인 외향삼각형문(外向三角形文)의 동경, C식에는 중앙이 채워진 외향삼각형문의 동경, D식에는 동심원으로 구획한 3구중 외중구에 외향삼각형문을 장식한 거울을 대입시켰다. 이러한 분류가 기왕의 2대 혹은 3대 분류안 자체와 크게 다른 것은 세문경의 범주로 이해하였던 예산 동서리경(東西里鏡)을 조문경에 포함시키고, 조세문경으로 구분

4) 甲元眞之, 「多鈕鏡の再檢討」, 『古文化談叢』 第22輯, 九州古文化硏究會, 1990.
5) 宮里修, 「粗文鏡について」, 『史觀』 114, 2001.

할 수 있는 전주 여의동(如意洞), 익산 다송리(多松里) 경을 전 평양, 충남, 성천경과 같은 조문경 A식으로 분류한 것이다.

이양수(李陽洙)는 분류의 속성으로서 배면 문양의 전체 형상, 문양대의 구획 상태, 주연부의 단면 형태 등을 제시하였다.[6] 우선 배면 문양의 형상을 기준으로 뇌문경(雷文鏡), 성문경(星文鏡), 태양문경(太陽文鏡) 등으로 분류한 바, 그것은 앞서 3대 분류의 제1기준 속성과 크게 다를 바 없다. 문양대의 구획 상태를 보면 주연부 자리에 문양대가 있는 것, 주연부가 별도로 형성되면서 주문양대를 1구, 2구, 3구로 구획한 것으로 각각 분류하였다. 이에 따르면 조문경은 십이대영자, 정가와자의 예를 I식, 전 충남, 평양의 예를 II식, 그리고 전 성천의 예를 III식으로 각각 분류할 수 있다. 이양수의 그것은 각각의 속성의 조합 상태를 따져서 조문경의 변천과 지역 분포상을 살핀 것으로 진정한 의미의 형식 분류를 따른 것이라고 하기는 어렵다. 분석의 단위는 속성 자체로서 그 조합을 통해서 얻어진 상위의 형식이 아닌 바, 그러한 사실은 다음 조진선(趙鎭先)의 경우도 마찬가지이다.

조진선은 형태적 속성으로 주연부의 형태, 기능적 속성으로 경면의 만곡도, 그리고 별도의 양식적 속성으로서 문양상태를 각각 형식 분류의 기준으로 삼았다.[7] 주연부는 평연(平緣), 삼각연(三角緣), 반구연(半球緣)으로 나누어 각 A, B, C식, 그리고 만곡도는 볼록경, 평면경, 오목경으로 각 I, II, III식, 문양 형태는 뢰문, 태양문, 성형문으로 각각 a, b, c식으로 하여 그 시간적 변천 과정을 설명하였다. 이에 따르면 한 개의 동경이 여러 형식에 속하는 것이어서 이 또한 분석의

---

6) 李陽洙, 「多鈕鏡으로 본 韓半島 南部 社會發展」, 釜山大學校 大學院 碩士學位論文, 2002.

7) 趙鎭先, 앞의 논문, 2008.

단위는 형식이 아니라 속성이 되는 셈이 된다. 물론 일정 속성의 상태 변화로 시공간적 변이를 설명할 수 있으나, 위계적인 형식으로 설명하는 것과는 차이가 있다.

2) 세문경의 분류(그림 3-1)

주연부가 단면 반구형으로 정형화된 세문경은 배면에 섬세하고 복잡한 문양을 시문한 것이 무엇보다 큰 특징이다. 그러한 세문경의 배면에 문양을 시문하는 과정은 미야자토가 지적하듯이 전체 시문 공간을 외, 중, 내구로 구분하는 1단계, 각 구간의 내부를 구획하는 2단계, 그리고 단위 문양의 내부를 평행선으로 충전하는 3단계로 구분된다.

여러 학자들이 제시한 내용을 종합하면 세문경 형식의 분류 기준으로 앞서 문양시문 과정 중, 1단계에 중점 두어 배면 전체를 동심원 1개 혹은 2개로 구획하였는가, 아니면 3단계에 각각의 문양대에 어떤 문양으로 장식하였는가 여부를 가장 많이 선택한다. 전자는 문양대구분법, 후자는 단위 문양 분류법으로 규정할 수 있는데,[8] 학자에 따라서는 꼭지의 숫자와 동경의 직경 등을 고려하기도 한다. 문제는 무엇을 상위 혹은 하위 형식의 분류 기준으로 삼는가, 그리고 그 분류 기준은 일관된 것인가 하는 데에 있다.

세문경의 형식을 분류하였을 뿐만 아니라, 단위 문양의 개념을 처음 제시한 것은 앞서 보듯이 우노 다카오(宇野隆夫)이다.[9] 그는 세문경을 CI, CII식으로 2대 분류하였는데, CI식은 쌍뉴(双鈕)를 갖고 배

8) 宮里修, 「多鈕細文鏡の型式分類と編年」, 『考古學雜誌』 92-1, 日本考古學會, 2008, 1-32쪽.

9) 宇野隆夫, 앞의 논문, 1977.

면의 중구[中區, 간구(間區)] 문양대에 2종이상의 단위 문양을 택한 것, CII식은 쌍뉴(双鈕) 혹은 삼뉴(三鈕)에 중구 문양대가 없거나 있다하더라도 1종의 단위 문양을 택한 것이다. 그중 CI식을 외구의 구획대로서 단위 문양 동심원이 있는가 없는가를 따져 CIa, CIb식으로 세분하였다. 따라서 그가 외구, 중구, 내구, 그리고 외구 내의 각 분할구(分割區) 별로 여러 단위 문양을 제시하였지만 정작 형식분류의 기준으로 삼은 것이 아니고, 다만 시간적 변천 혹은 공간적 분포를 설명하는 속성으로 제시하였음이 확인된다.

전영래(全榮來)는 세문경의 형식을 더욱 세분하여 CI, CII, CIII, CIV식으로 분류하였는데, 우노가 미처 분류하지 않아 시간적 변천 과정과 공간적 분포와 관련하여 설명하지 않았던 부분을 보완하였다.10) 우선 그는 제1의 분류 기준으로서 중구 문양대에 시송문(市松文), 원권문(圓圈文), 사격자문(斜格子文) 3종의 단위 문양이 채택되었는지 여부를 따져, 1-2종을 선택한 것을 CI식, 3종 모두를 선택한 것은 CII식, 전혀 선택하지 않은 것을 CIV식으로 하였다. CIII식은 중구 단위 문양이 CII식과 같되, 배치된 일정한 대합삼각문 단위 문양을 그 분류의 기준으로 삼았다. 따라서 4개 중위 형식을 분류함에 그 제1 기준으로 외구와 중구의 문양을 똑같이 적용한 것이 아니라, 형식에 따라서 다르게 적용하였다. 하위 형식을 세분하는데 채택된 제2 기준은 CI식과 CII식의 경우 외구의 구분수대(區分垂帶)의 단위 문양이지만, CIII식과 CIV식의 경우는 중간원권대(中間圓圈帶)의 단위 문양이다. 따라서 하위 형식은 그렇다고 하더라도 상위 형식조차 그 분류 기준이 일정하지 않은 것을 문제점으로 지적할 수밖에 없다.

10) 全榮來, 앞의 논문, 1977.

이와나가 쇼우조(岩永省三)는 외구, 간구, 내구별로 단위 문양의 조합을 살핀 다음 다시 3개 문양대의 문양 조합을 따져 2개의 중위와 7개의 하위 형식으로 세분하였다. [11] 간구에 3종 이상의 단위 문양이 결합된 것과 1종 이하의 단위 문양으로 시문(施文)된 것을 기준으로 I,II식을 분류한 바, 결과적으로는 I형식에는 3구, II형식은 2구와 3구의 예가 해당된다. 하위 형식의 분류 기준은 I식의 경우 외구 구획대의 단위 문양이고, II식은 간구의 유무이거나 내구의 문양 단위 차이이다.

고모토 마사유키(甲元眞之)는 세문경을 4형식으로 분류하였는데,[12] I형식은 2개의 문양대, II형식은 3개 문양대, III형식은 3개 문양대가 있는 것 중 외구에 분할구획문(分割區劃文)이 있는 것, IV형식은 다시 그중 원권 구획문이 있는 것을 해당시켰다. 결국 I, IV형식의 차이는 2, 3구의 문양대 숫자이지만, II, III, IV형식의 구분은 구획문의 유무와 그 문양 단위의 차이인 셈이 된다. 따라서 상위 형식의 구분에 각기 다른 기준이 적용되는 것이다. 하위 형식의 세분은 I형식에서만 확인되는 바, 내구의 직경을 기준으로 삼았다.

다이라 쓰이부(平吹豊)는 2구와 3구의 문양 구성을 제1의 분류 기준으로 삼았다.[13] 2구의 경우는 내구 중심원의 분할 여부와 그 구도에 따라서 하위 형식을 분류하였다. 3구의 경우는 중구 원권대(圓圈帶)에 삼각거치문(三角鋸齒文) 혹은 사격선구획문(斜格線區劃文)의

11) 岩永省三, 「多鈕細文鏡再考」, 『文化財論叢-奈良國立文化財硏究所創立 30周年記念論文集』, 1983.

12) 甲元眞之, 「多鈕鏡の再檢討」, 『古文化談叢』 第22輯, 九州古文化硏究會, 1990.

13) 平吹豊, 「多鈕細文鏡の檢討」, 『國學院大學考古學資料館紀要』 15, 國學院大學考古學資料館, 1999.

유무를 각각 하위 형식의 기준으로 삼고, 전자에 대해서 다시 중구에 방사상(放射狀) 분할대(分割帶)의 수용 여부를 따져서 형식을 세분하였다.

미야자토 오사무(宮里修)는 기왕에 우노가 설정한 외구의 단위 문양 개념 대향삼각문(對向三角文) A, B, C, D식을 지표로 하여 세문경 A, B, C, D식으로 정하였다.[14] 미야자토의 이러한 분류의 기준은 다른 어느 누구의 것보다 명확한 것이 장점으로, 다음에 논하겠지만 필자의 형식 분류안도 기본적으로 이를 따르고 있다. 다만 B식과 동일한 외구 단위 문양을 갖춘 사가(佐賀) 마츠다(增田) 동경(銅鏡)을 10cm 미만의 면경(面徑)을 갖춘 소형의 삼뉴(三鈕) 동경이라고 해서 예외를 인정하여 C식으로 분류하는 것은 문제가 있다. 하위 형식의 분류는 A식의 경우 외구의 단위 문양을 기준으로 하여 1-5식, B식의 경우 간구의 문양 대수를 따져서 2식, C식의 경우 내구의 문양 구도를 따져서 5식으로 각각 세분한 바, 다소 복잡한 감을 준다.

사가리 유코(坂利祐子)는 중간구 단위 문양의 조합에 대해서 분석 검토하였지만, 이를 형식 분류의 기준으로 삼지 않고 지역성을 살피는 근거로 삼았을 뿐이다.[15] 실제로 우노 이래 단위 문양의 조합을 살피는 작업은 그 시간적 변천과 공간적 분포를 설명하기 위한 것이다. 이양수(李陽洙) 또한 앞서 조문경과 같이 문양 구획, 주연부, 뉴(鈕)의 형태, 단위 문양 등 모든 속성의 조합 관계를 따져 세문경의 시간적 변천 과정을 설명하였는바,[16] 다음에 설명하듯이 위계적인 형

---

14) 宮里修, 앞의 논문, 2008.

15) 板利祐子, 「多鈕鏡の様相と分布について」, 『研究紀要』 7, 北九州市教育文化事業團, 1993.

16) 李陽洙,「多鈕細文鏡으로 본 韓國과 日本」, 『嶺南考古學報』 35, 2004.

식 분류를 토대로 한 설명과는 거리가 있다.

2. 다뉴경의 속성

고고학 자료의 시공간적인 분석 단위는 속성이 아니라 형식이 되어야 하는 것은 앞서 말한 바와 같다. 그 형식은 상위, 중위, 하위의 위계가 확립된 분류 체계를 따른 것으로 실물 개체에 1대1 대응이 되어야 한다. 그렇게 하여 어떤 속성을 분류 기준으로 선택하는가에 따라서 형식이 달라지는 것을 두말할 것도 없다.

모든 유물 개체는 한 속성을 기준으로 할 경우 서로 다른 형식이지만 다른 속성으로 보면 같은 형식으로 분류해야 하는 예가 많다. 바꾸어 말하면 개별 유물마다 속성 상태가 똑같은 조합을 보여주는 유물은 드물다. 그 중에서 상위 형식의 분류에는 가장 많은 개체수에 적용이 가능한 속성을 다수 선택하여 그 조합 관계를 기준으로 삼아야 한다. 지금까지 여러 연구자들이 그 기준으로 가장 많이 제시한 것은

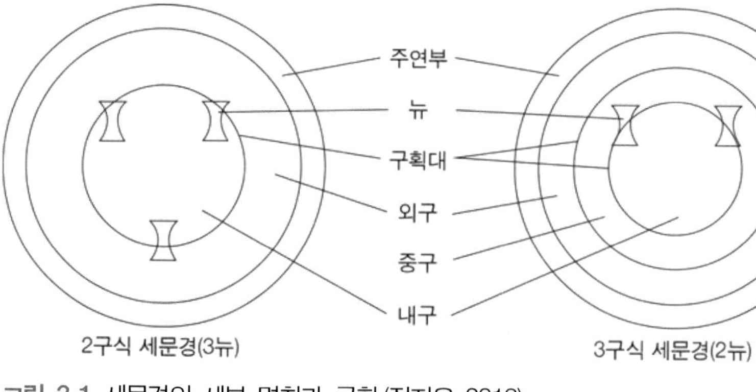

그림 3-1 세문경의 세부 명칭과 구획(정지은 2013)

주연부의 단면 형태, 문양선의 굵기, 거울 뒷면에의 문양 구획 방식과 단위 문양, 그리고 꼭지 형태이다.

앞서 여러 연구자들이 제시안 분류안을 검토하면서 시사한 바 있듯이, 여기에서는 상위 형식을 A형 조문경(組文鏡), B형 조세문경(組細文鏡), C형 세문경(細文鏡)으로 분류하고자 한다(그림 3-2).

주연부의 단면 형태로는 평대형, 비면형, 돌기형, 반원형 네 종류가 제시되어 있는 바, 전 3자는 A형과 B형, 나머지 반원형은 C형의 전형적인 속성으로 인정되고 있다. 그러나 충남 일대의 여러 예에서 보듯이 주연부가 반원형 단면인 B형도 있다.

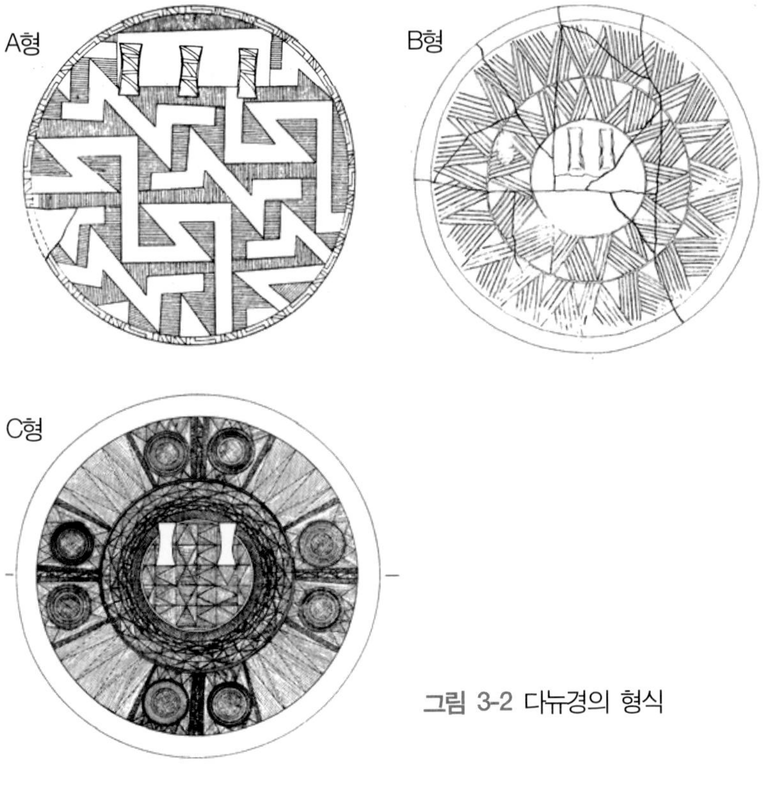

그림 3-2 다뉴경의 형식

한편 단면 반원형 주연부의 폭을 측정하면 거울 전체 지름의 10%가 넘는 것은 대부분 C형이다. A, B형으로 분류되는 거울은 그 대부분이 전체 지름의 5% 미만으로, 이를 고려할 때 주연부의 속성 상태를 제1 기준으로 삼아도 크게 무리가 없다고 하겠다.

많은 연구자들이 조문경, 세문경으로 분류하는 기준은 두말할 것 없이 문양 선의 굵기이다. 대체로 조문경, 세문경으로 분류할 경우 2-0.5mm, 0.1-0.2mm가 각각의 기준이 된다.[17] 그러나 조문경에 속하는 선 굵기의 범위가 넓고 이에 속하는 예가 많아, 세분하는 것이 타당하며, 그래서 그 대부분 1-0.5mm에 속하는 B형 조세문경을 별도로 구분하는 3대 분류안을 채택하고자 한다.

뇌문경, 태양문경(이중원권의 구획에 대합삼각문의 외구), 성형문경 등의 전체 문양 형태를 따져 구분하는 방식을 살펴보면, 성형문경은 B형을 구분하는 기준이 될 수 있다. 태양문경은 C형 세문경의 대부분에 해당되지만, 상당수의 B형 조세문경에도 해당된다. 그밖에 무문경을 비롯하여, 삼각평행선문, 사격자문, 엽맥문 등의 동경 또한 B형에 속한다. 뢰문경(乙자형 혹은 Z자형)은 전형적인 A형 조문경으로 구분하는 잣대로 인정이 된다.

거울 뒷면의 꼭지 모양 또한 A, B, C형에 따라 형태상 일정한 차이를 보이고 있다. 즉 A형의 경우 장방형, B형의 경우 타원형 혹은 흐트러진 오목렌즈형, 그리고 C형의 경우 정연한 오목렌즈형의 평면 형태를 보여준다.

결국 상위 형식 분류를 함에 단독으로 제1 기준으로 삼을 속성은 없는 셈이 되는 바, 세 가지 속성의 조합을 통해서 분류할 수밖에 없으

17) 岩永省三 1983, 甲元眞之 1990, 李陽洙 2002의 앞의 논문.

며, 이에 따라 A, B, C형에 해당하는 주요 속성 상태를 보면 다음과 같다.

표 3-1 상위 형식의 분류 기준

속성 상태 \ 상위 형식	A	B	C
주연부 단면	평대/ 비면	돌기/반원	반원
선의 굵기	1-2mm	1-0.5mm	0.1-0.2mm
문양 형태	Z자문	성형문/태양문	태양문
꼭지의 형태	장방형/장타원형	장타원형/오목렌즈형	오목렌즈형

중위 형식을 분류함에 그 기준으로서 제시할 수 있는 속성은 여러 연구자들이 제시한 바대로 단위 문양이다. 단위 문양은 제작자가 당초 개별 단위별로 시문하지 않은, 결과로서의 단위 문양이라 하는 판단은 타당하다.[18]그렇지만 조문경과 세문경의 경우는 많은 차이가 있다. 전자는 대부분 전체 구획과 함께 각 구간을 동시에 시문한 결과이지만, 후자는 단위 구간별로 별도의 작업을 꼼꼼히 하지 않으면 완성되지 않는다.

특히 조문경의 경우 단위 문양을 추출하였더라도 그 자체가 조문경의 하위 형식을 분류하는 데 적절하다고 보기 어렵다. 우노 다카오(宇野隆夫)가 제시한 단위 문양을 살펴보면 조문경과 관련한 단위 문양은 8개나 되지만, 그중 3개의 단위 문양은 특정의 십이대영자 거울 1개에 집중 시문된 것이다. 또한 주문양의 분류 기준으로서 유효한 복선의 Z자 무늬를 변형한 문양을 각기 다른 4개의 단위 문양으로 설

18) 岩永省三, 앞의 논문, 1983.

정하였다.[19)]

우선 평대연과 비면연의 주연부를 갖추고 연속 Z자문의 문양을 시문한 것을 A형으로 하고, 돌기형과 소폭의 반구형의 주연부를 갖추고 태양문, 성형문, 무문 등 Z자문 이외 문양을 시문 한 것은 B형경으로 하여 별도로 분류할 필요가 있다.

C형 세문경의 경우는 배면 문양의 구성이 2구 혹은 3구로 정형화되며, 단위 문양은 그 종류가 많지 않으면서 명확한 것이 특징이다. 개별 동경마다 다양한 조합 관계를 보여주고 있는 바, 우선 외구에 해당하는 단위 문양은 대합삼각문으로서 4종류로 구분할 수 있다. 이와는 별도의 단위 문양으로서 모두 7종류가 있어서 외구의 구획문대, 중구와 내구에 두루 통용된다. 그중 사각집선문은 그 내부의 구획 방식에 따라 3가지 종류가 있고, 그밖에 동심원문, 사격자문대, 평행선문대, 눈금자문대의 4종류가 있다. 따라서 세문경의 경우 이들 단위 문양의 조합을 대상으로 중하위 형식의 분류 기준으로 삼을 수 있다.

C형 세문경을 중분류할 경우 내, 외, 중구 별로 다양하게 선택된 문양 단위와 그 조합 어느 것을 기준으로 삼는지가 문제가 된다. 두말할 것도 없이 가장 분류가 용이하고 모든 세문경에 적용될 수 있으며, 다른 속성과의 상관관계가 가장 높은 것을 선택해야 한다.

세문경 중 상당수가 2구 형식으로서 중구가 생략되어 있으며, 유존(遺存)되어 전하는 그 상당수는 내구가 없이 파손된 것이다. 이를 고려할 때 외구의 문양이 제1의 분류 기준이 될 수밖에 없다.[20)] 또한 내구와 중구보다는 외구의 문양이 다른 단위 문양과의 조합관계에 보

---

19) 宇野隆夫, 앞의 논문, 1977.
20) 宮里修, 앞의 논문, 1998, 2008.
이청규, 「多鈕鏡의 型式의 변천과 분포」, 『한국상고사학보』 67, 2010.

다 높은 정형성(定型性)을 보여주는 바, 그러한 이유에서도 이를 세문경 중위 형식의 분류 기준으로 삼을 수 있다.21)

그러나 이러한 외구의 대합삼각문이 분류 대상이 되지 않는 사례가 있다. 연해주 이즈웨스토코보에의 동심원경이 바로 그것이다. 주지하다시피 콤파스로 그린 동심원문은 세문경의 특징이지만, 충전된 문양이 없는 이러한 거울은 과도기적 형식이라고 볼 수 있다. 이들 외구 무문양의 동경을 별도의 중위 형식으로 세분하고자 한다.

3. 형식 분류

지금까지 논의한 바를 토대로 다뉴경을 상위와 중하위 형식으로 구분하되 전자는 〈형〉, 후자는 〈식〉으로 하여, 상위 형식은 A, B, C형, 중위 형식은 1-6식, 하위 형식은 a, b, c식으로 하였다. 예를 들어 십이대영자경의 경우 상위 형식은 A형, 중위 형식은 A1식, 하위 형식은 A1a식이 되는 바, 이를 정리하면 다음과 같다.

---

21) 구체적으로 외구 문양 a1-a4별로 중구와 내구의 문양 조합을 살피면 각 외구의 단위 문양별로 내구의 문양이 일정한 상관관계가 있는 것이 확인된다. 특히 외구 a2와 중구 c3, 그리고 외구 a4와 내구 c1은 100% 상호 일정한 상관관계를 보여주고 있다. a1은 중구, 외구와의 조합이 다양하면서 그 직경은 10.5-21.2cm, 그리고 꼭지는 전부 2개로 다른 형식과 구분된다. 외구 a3는 꼭지가 3개인 것이 90% 정도이고, 직경은 최고 10.7cm인데 거의 전부가 10cm 미만의 크기를 갖고 있는 소형이다.

표 3-2 다뉴경의 형식 분류

상위	A 조문경		B 조세문경						C 세문경				
중위	A1	A2	B1	B2	B3	B4	B5	B6	C1	C2	C3	C4	C5
하위	A1a A1b A1c	A2a A2b A2c	B1a B1b	B2a B2b B2c	B3a B3b B3c	B4a B4b B4c	B5a B5b	B6a B6b	C1a C1b C1c	C2a C2b C2c	C3a C3b	C4a C4b C4c	C5a C5b C5c

우선 A형은 배면의 문양 형태가 Z자형 구대문이거나, 변형되었다 하더라도 그 형태를 유지하고 있는 것은 1식, 초보적이나마 주연부를 따라 좁은 외구가 형성되고 다음 B형에 유행하는 삼각집선문 거울의 조형을 보이는 것을 2식으로 삼았다. 주연부의 형태를 보면 1식은 거울과 동일한 평면을 이루고, 2식은 삼각 혹은 사다리꼴 단면의 외연과 내연의 이중 돌기연이 있는 속성 상태를 보여준다.

B형은 문양 구성과 형태를 따져 세분하는데 전혀 시문되지 않은 것을 1식, 전면에 방사상(放射狀) 엽맥문(葉脈文), 격자문(格子文), 수금문(水禽文) 등을 장식한 것을 2식, 그리고 전면을 평행선으로 구획하고 삼각집선문을 시문한 것을 3식, 외구와 내구를 구획하고, 삼각평행집선문을 내구에 배치한 것을 4식, 구획없이 삼각집선문을 주변 둘레에 시문하고, 중심은 공백이거나 사각집선문으로 채운 것을 5식, 그리고 삼각집선문이 원권(圓圈) 2구로 나뉘어 상하 교대로 시문한 것을 6식으로 삼았다.

C형의 경우 주연부와 꼭지, 세선(細線) 무늬 등이 전형적인 세문경의 속성을 갖추고 있으나 정형화된 문양이 시문되지 않은 것은 1식, 삼각집선문을 위아래를 달리하여 외구에 연속적으로 시문한 것은 2식, 외구 연속 문양 중 꼭지가 주연으로 향한 삼각형의 내부를 밑변에

평행한 집선으로 채워 연속적으로 시문한 것은 3식, 3식의 외구 연속문양 중 꼭지가 주연으로 향한 삼각형 내부를 공백으로 하여 연속적으로 시문한 것은 4식, 그리고 3식의 외구 연속 문양 중 꼭지가 중심으로 향한 삼각형 내부를 공백으로 하여 연속적으로 시문한 것은 5식으로 삼았다.

이러한 형식 분류안을 구체적으로 살피면 다음과 같다.

1) A형 조문경(그림 3-3)

① AI식

Z자를 변형시켜 연결시킨 무늬를 거울 전면에 걸쳐 시문한 형식으로, 주연부가 별도로 조성되어 있지 않다. 거울 전면에 걸쳐 가운데를 공백으로 한 이중선으로써 Z자형 모티브를 연속하여 시문하고, 배경을 평행집선으로 채웠다.

Z자 무늬가 연결되는 부위의 문양대가 직각을 이루는 것이 그 초기 원형으로 AIa식이 있는 바, 조양(朝陽) 십이대영자(十二臺營子)와 본계(本溪) 양가촌(梁家村)의 예가 이에 속한다. 연결부위가 사선으로 되어 있는 거울들은 후기형 AIb식으로서 영성(寧城) 소흑석구(小黑石溝), 건평(建平) 대랍한구(大拉罕溝)와 포수영자(炮手營子)의 예가 대표적이다. Z자 무늬가 흐트러지기 시작하고 여백을 메꾸는 평행집선문도 그 정형성을 잃어버리는 AIc식으로서 심양(沈陽) 정가와자(鄭家窪子)의 예가 있다.

② AII식

주연부가 단면 비면연을 갖추면서, 폭이 좁은 유사 외구 문양대가 형성된 조문경이다. 형태가 흐트러진 꼭지가 거울 가운데 쪽으로 내려오는 경향을 보여준다. 문양은 AI식처럼 Z자문을 유지한 AIIa식으로 평양 신성동의 예가 있다. 나아가 완전히 Z자의 기본형을 잃어버린 AIIb식으로 전 충남의 예가 있고, 전체 형상이 성형문과 유사한 AIIc식으로 평남 성천(成川)의 예가 있다.

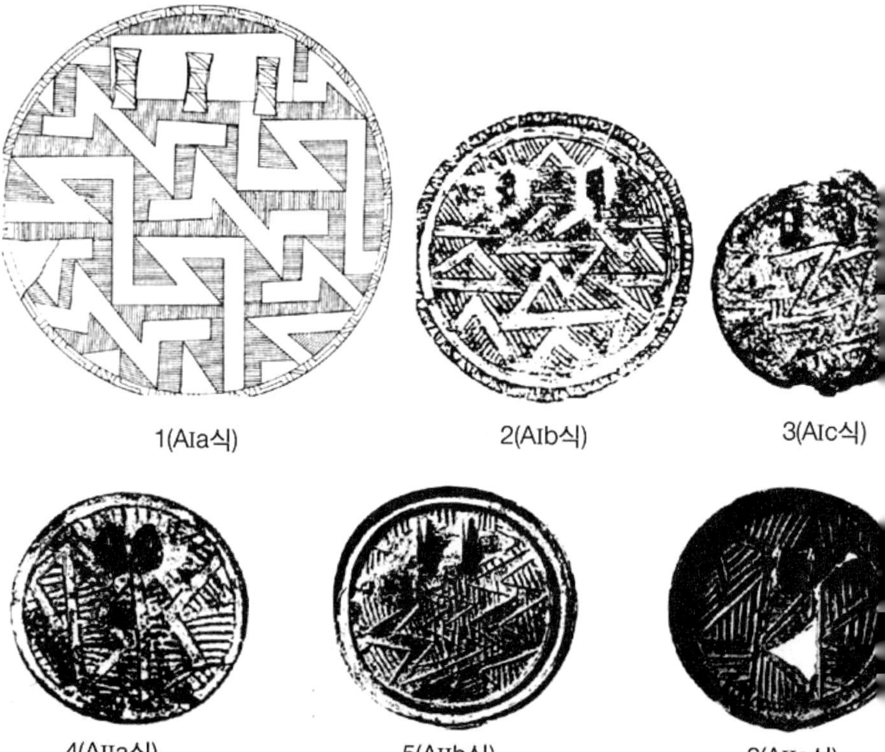

1.십이대영자 2.포수영자 3.정가와자 4. 전 평양 5. 전 충남 6. 전 성천

그림 3-3 A형 거울의 형식 분류

2) B형 조세문경(그림 3-4, 5)

① BI식

문양을 전혀 장식하지 않은 예로서 주연부가 돌기연을 한 단동(丹東) 조가보(趙家堡), 평양 정백리(貞栢里)의 예를 BIa식, 주연부가 단면 반원형을 이룬 예산 동서리(東西里)의 예를 BIb식으로 분류한다.[22] 경주 조양동(朝陽洞) 5호묘 출토 예도 있지만 이는 전형의 다뉴경 형식을 벗어난 소형 방제경(倣製鏡)으로 이에 속하지 않는다.

② BII식

거울 전면에 걸쳐 문양을 시문한 것으로 각각의 뚜렷한 모티브에 따라 하위 형식을 세분할 수 있다. BIIa식으로 두 개의 꼭지를 중심으로 엽맥 혹은 방사상 무늬의 형상으로 시문한 집안(集安) 오도령구문(五道嶺溝門)과 단동(丹東) 조가보(趙家堡)의 예가 있다. 황해 연안 소아리(小雅里)의 예는 거울 전면에 걸쳐 격자문을 장식한 BIIb식이다. BIIc식은 본계 유가초(劉家哨)의 예로서 중간의 돌기원권대(突起圓圈帶)로 3구를 구분하고, 외구에 타래문, 중구에 물새무늬를 연속적으로 장식한 것이다. 다른 기하학문경과 다른 구상계열의 문양인 점에서 예외적인 형식이라 할 수 있겠다.

③ BIII식

거울 전면을 평행한 직선으로 일정한 간격을 구획한 다음, 그 사이

22) 지름 5cm의 경주 조양동의 예는 소형 방제경(倣製鏡)으로 노이즈의 사례로 이해된다. 전남 영암 거푸집의 예는 주연부 단면이 반원형인 무문경(無文鏡)의 그것으로 볼 수 있으나, 완성품이 아닌 것으로 판단된다.

에 연속적으로 밑변을 달리하며 삼각집선문을 장식하였다. 그 출처가 확실하지 않은 상명대 소장 동경은 A형에서 보이는 구대문을 갖추고

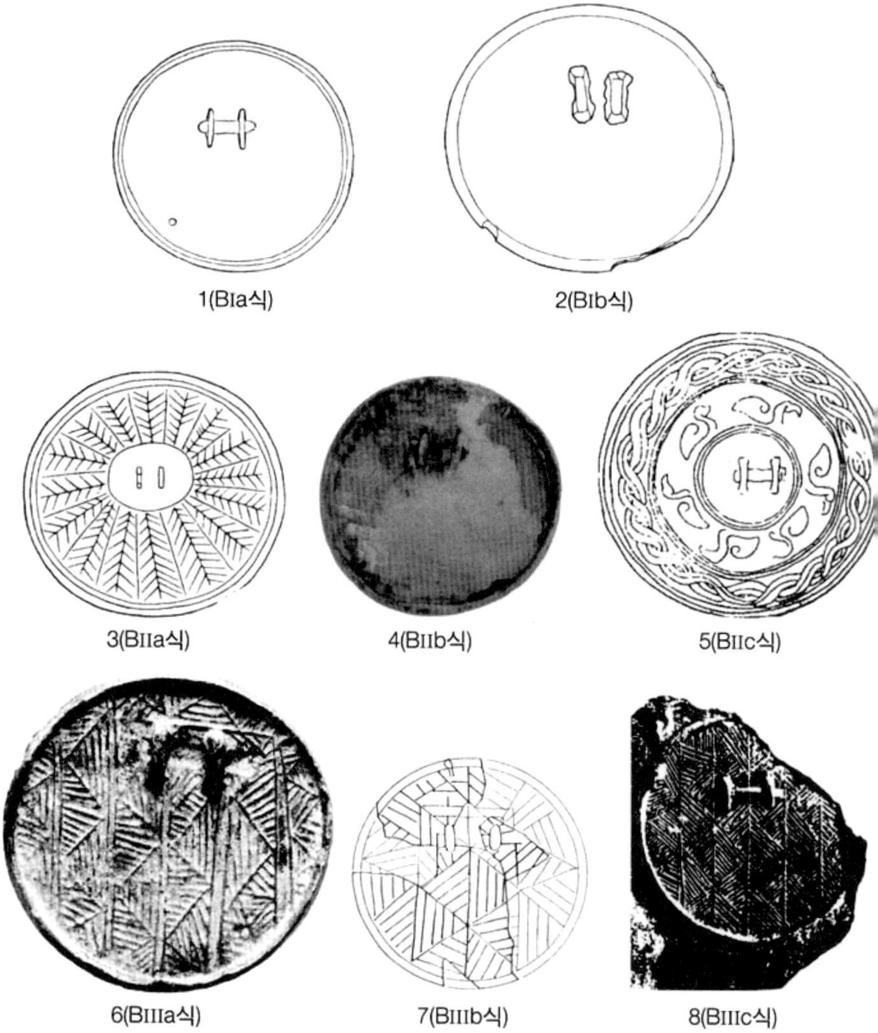

1.조가보 2.동서리 3. 오도령구문 4.소아리 5. 유가초 6. 상명대
7. 전 전북 8. 맹산

그림 3-4 B형 거울의 형식 분류(1)

있어 BIIIa식으로 분류할 수 있다. 다소 거친 전 전북의 출토 예는 BIIIb식, 그리고 보다 정교한 평남 맹산(盟山) 용범(鎔范)의 예를 BIIIc식으로 분류하였다.

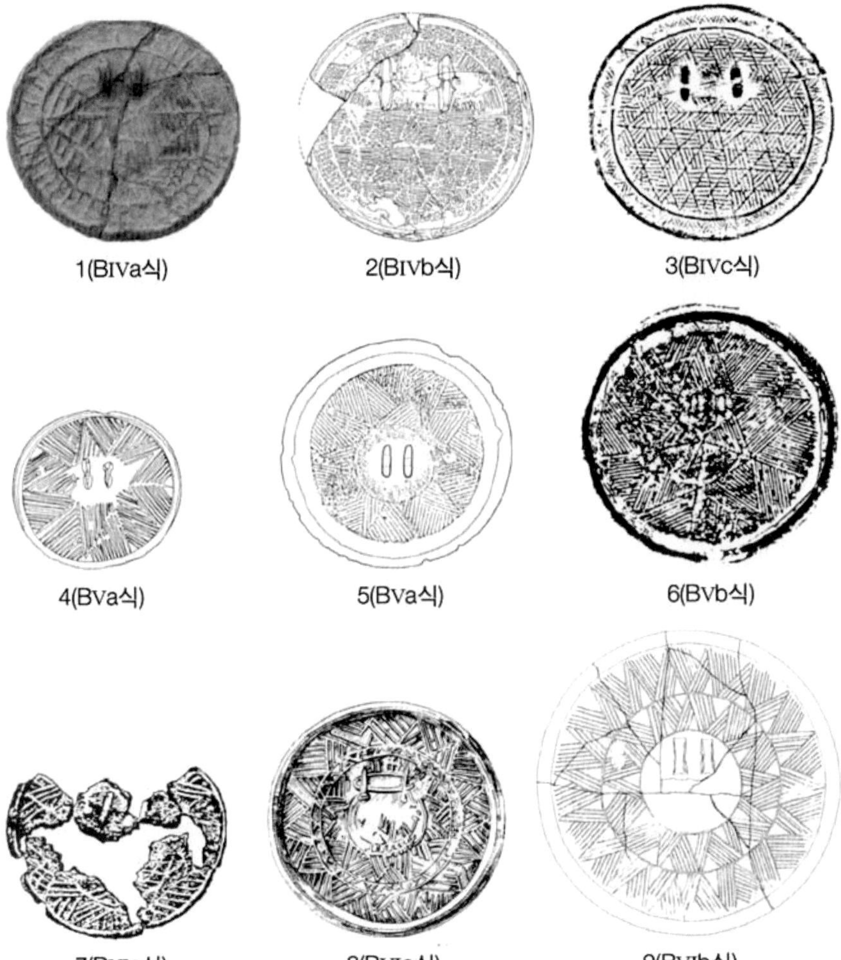

1.오금산 2. 연천 3.다송리 4. 동서리 5. 구봉리 6. 여의동 7.서황산둔
8.이즈웨스토코보에 9. 남성리
그림 3-5 B형 거울의 형식 분류(2)

④ BIV식

주연부 가까이에 폭이 좁은 외구를 구획한 내외구의 2구형식이다. 익산 오금산(五金山) 경은 BIVa식으로서 외구에 거칠게 짧은 수직선을 배치하고 내구에 또한 거친 선의 부정형 삼각문을 배치하였다. 전 경기 연천(連川)의 예는 BIVb식으로서 외구에 사격자 무늬를 장식하고, 전주 여의동(如意洞) 경은 전형적인 BIVc식으로서 외구에 삼각거치문을 배치한 것이다.

⑤ BV식

삼각집선문이 거울의 꼭지를 중심으로 하여 돌아가며 시문된 것으로, 전체적인 배치가 별의 디자인 형상을 이루고 있다. 한쪽 장변에 평행하게 여러 줄의 선으로 내부를 채운 삼각집선문을 위아래를 바꾸어가며 연속적으로 시문하였다. BVa식은 꼭지를 중심으로 한 내구 부분을 공백 상태로 둔 것으로서, 부여 연화리(蓮花里)와 대전 괴정동(槐亭洞) 1식의 예가 해당한다.

BVb식은 중심부에 단위 문양을 채운 것으로 평남 맹산 거푸집과 전 중화(中和)의 예가 해당된다. 그 문양은 사각형 내부를 대각선으로 구획하여 만든 삼각형 4개의 내부를 평행한 집선으로 장식한 사각집선문이다.

⑥ BVI식

기본적으로 외, 중, 내구의 3구의 구도를 갖추고 외구와 중구에 삼각집선문이 장식되어 있는데, 삼각형 안쪽에 채워친 평행집선문이 듬성듬성 시문되고 있다. 내구에는 문양이 없거나 있더라도 정형화되지 못하였다. BVIa식은 주연부가 단면 돌기형을 한 것으로 길림(吉林)

화전(樺甸) 서황산둔(西荒山屯), 연해주(沿海州) 이즈웨스토코보에와 길림 통화(通化) 거푸집의 예가 있다. BVIb식은 보다 정형화된 형태의 아산 남성리(南城里) 예로서 주연부의 단면이 반원형으로 된 것으로 다음 세문경 C형에 근접해 있다.

3) C형 세문경(그림 3-6, 7)

① CI식

주연부는 세문경의 반원형 단면을 갖추었으나, 전형적인 세문경으로 이행하지 못한 과도기적인 형식이다. CIa식으로 부여 동서리 5경과 연해주 쇼코토보에의 예가 있는데, 여러 줄의 동심원문(同心圓文)만 확인되고 문양이 채워지지 않아 다른 세문경과 차별화된다. CIb식으로 부여 구봉리(九鳳里)의 예가 있는데, 3구 중 외구에 상하 엇갈린 연속 대합삼각집선문, 중구에는 Z자형 무늬가 장식된 것이 특징이다. CIc식으로 부여 동서리 4경의 예가 있는데 연속 대합삼각집선문으로 외구를 장식하고, 내구에 방사상으로 8구로 나누어 평행집선문으로 채웠다.

② CII식

단면 반원형 주연부와 평면 오목렌즈형의 꼭지로 정형화된 것으로 안쪽을 평행선으로 채운 이등변삼각형문을 상하 바꾸어 연속하여 시문한 대합삼각집선문을 외구에 장식하였다. 삼각형 안쪽에 채워진 여러 줄의 평행선이 삼각형의 한쪽 장변과 같은 방향이다. CIIa식은 사천(泗川) 월성리(月城里) 등의 예가 있는데, 외구에 별도의 구획문대가 없으며 내구에는 사각형집선문이 장식되어 있다. 내구의 사각형문은 그 안쪽을 1-3개의 대각선으로 구획하여 생성된 삼각형 안쪽을 평행집선문으로 채운 것이다. 중간구에는 외구와 같은 대합삼각집선문대가 장식되어 있기도 하면서, 사격자문대, 눈금자문대, 원권대 등이 추가로 장식되기도 한다.

이 기본 형식이 발전하여 외구에 사각집선문으로 구성된 구획문대를 둔 것이 CIIb식이다. 함평 초포리, 화순 대곡리의 예가 있으며 중간구에 장식된 단위 문양이 CIIa식의 삼각집선문 대신 사각집선문이고, 내구의 문양 또한 사각집선문으로 통일되어 있는 것이 특징이다.

CIIc식은 외구의 구획문대에 20개 내외의 동심원으로 구성된 단위 문양이 장식된 것으로 전 논산, 화순 대곡리, 당진 소소리, 완주 신풍

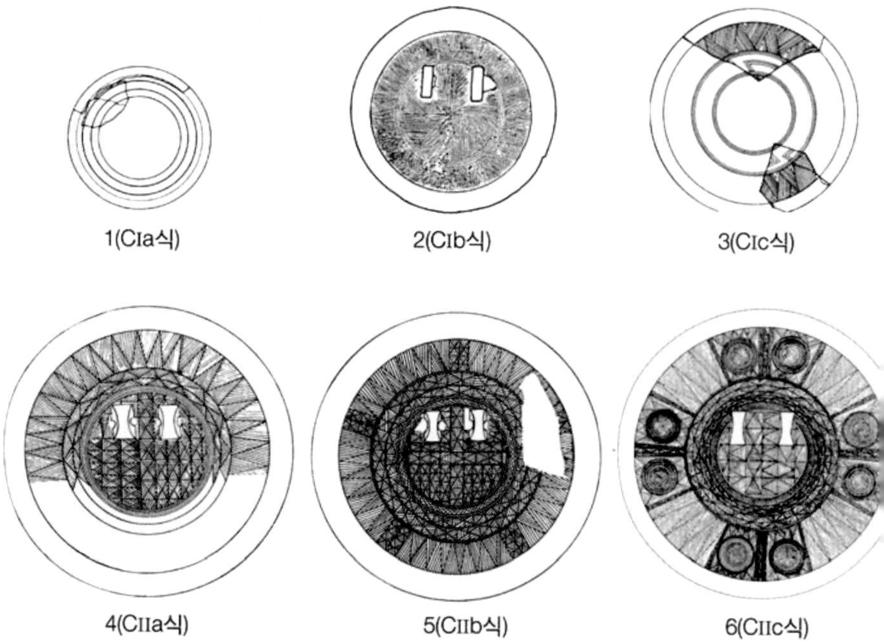

1. 동서리 2.구봉리 3. 동서리 4. 원주 5. 오사카 6. 대곡리

그림 3-6 C형 거울의 형식 분류(1)

의 예가 있다. 사각집선문의 외구 구획문이 함께 시문되며, 중간구와 중구에도 역시 사각집선문이 장식되어 있는 예가 많다.

③ CIII식

외구에 이등변 삼각형을 위아래로 밑변을 바꾼 대합삼각집선문을 연속으로 장식한 것은 앞서 CII식과 같다. 그러나 거울 중심쪽으로 놓인 짧은 밑변과 평행하게 삼각형의 내부를 평행집선문으로 채운 것이 다르다.

양양 정암리의 예가 CIIIa식에 해당하는데 중간구와 내구에 똑같이 장방형 내부를 1조의 대각선으로 구획하여 2개의 삼각형을 만들고, 그 안에 단변과 장변에 각각 평행한 집선을 채운 사각집선문을 기본 단위 문양으로 하여 장식한 것이 특징이다.

CIIIb식으로 함평 초포리, 전주 효자동, 후쿠오카(福岡) 오고리(小郡) 와카야마(若山) 유적의 예가 있는데, 중간구의 폭이 넓어지고 문양대의 숫자가 많아진 동경이다. 내구는 극히 좁아져서 아예 사각집선문 조차 채워지지 못한다.

④ CIV식

앞서 CII식 또는 CIII식의 예에서 외구의 위아래를 엇바꾸며 연속시문된 대합삼각문 중 내구쪽을 밑변으로 하는 삼각문의 내부가 채워지지 않은 형식이다.

CIVa식은 내구 전체를 십자상 혹은 방사상으로 구획한 다음 구획된 내부를 일정하게 평행한 여러 줄의 선으로 채운 것이다. 함평 초포리, 함흥 이화동, 함남 용산리의 예가 이에 속한다. 직경이 8-9cm정도에 불과한 소형이고 꼭지가 3개인 점이 다른 형식과 차별된다.

CIVb식은 외내구만으로 이루어진 2구 형식이면서 앞서 CIII식에서 유행하였던 2조의 삼각집선문이 조합된 사각문을 단위 문양으로 하여 내구를 채운 것이다. 장수 남양리, 야마구치현(山口縣) 가지구리야마

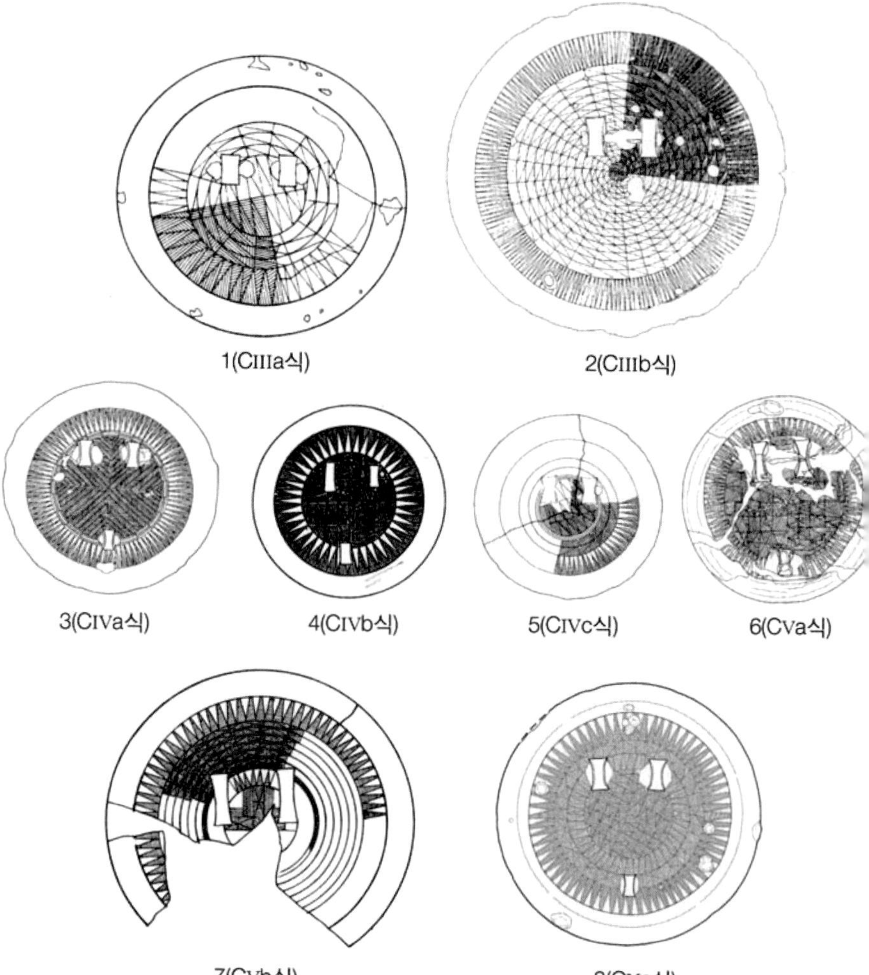

1.정암리 2.초포리 3. 초포리 4. 가지구리야마 5. 궁평리 6. 신풍
7. 반천리 8. 갈동
그림 3-7 C형 거울의 형식 분류(2)

(楣栗濱) 등의 예가 이에 속한다.

CIVc식은 외, 중, 내구가 갖추어진 3구형으로 역시 CIVb식과 마찬가지로 중간구와 내구에 2조의 삼각집선문이 조합된 사각문으로 구성되어 있다. 부여 합송리와 아산 궁평리의 예가 있다.

CIVc에는 3구형으로 중구가 외구와 같은 대합삼각문으로 구성되고, 내구에는 사각형집선문의 단위 문양으로 채워친 형식으로 논산 원북리 출토 예도 있다.

⑤ CV식

외구의 문양을 구성하는 대합삼각 연속무늬 중에 동경의 주연부로 밑변이 면한 이등변 삼각형의 안쪽을 공백으로 놔둔 것이다. 내구 쪽을 밑변으로 한 삼각형의 안쪽을 밑변에 평행한 집선문으로 채운 점은 앞서 CIII식과 같으며, CIV식과는 내부를 공백으로 한 삼각문의 위치가 바뀐 것이 다르다. 이 형식에도 CIV식과 마찬가지로 직경이 작고 꼭지가 세 개 있는 것이 다수가 있다.

CVa식으로 나가사키(長岐) 사도다바루(里田原)의 예가 있는데, 2구형으로서 내구에는 내부를 3개의 선으로 구획하여 6개의 삼각형으로 이루어진 사각집선문을 단위 문양으로 채운 것이다.

CVb식으로 대동 반천리, 황해 송산리, 후쿠오카(福岡) 요시다케다카키(吉武高木) 등의 예가 있다. 모두 3구형으로 내구는 앞서 CVa식과 같은 사각집선문의 단위 문양으로 통일되었지만, 중구는 여러 종류의 문양대로 채워져 있는 것이 특징이다. 반천리경의 경우는 외구와 같은 문양대가 내구에 근접한 부위의 중구에 장식되어 있고, 요시다케다카키의 경우 또한 원래 외구 구획문대의 단위 문양으로 장식된 동심원문으로 채워져 있다.

CVc으로 황해 용산리와 완주 갈동 2경의 예가 있는데, 외중내구의 3구식으로서 외구의 대합삼각문중 중구쪽으로 밑변을 한 삼각집선문의 이등변 바깥선을 이중으로 한 것이 특징이다. 또한 중구에 외구의 문양대를 수용한 것이 특징인데, 용산리의 예는 CII식, 갈동의 예는 CIII식 외구의 대합삼각문 문양대를 각각 채택하였다.

제4장

다뉴경의 변천과 분포

1. 한국 청동기문화의 전개

다뉴경이 갖는 역사적 문화적 맥락을 이해하려면 어떤 형식이 어느 시기에 어떤 집단의 청동기문화에 속하는지 파악해야 한다. 앞서 설명한 것처럼 중국 동북 지역과 한반도에 걸쳐 확인된 다뉴경의 고고학적 조사와 이를 검토한 연구 성과에 따르면[1)] 다뉴경이 보급되는 시기는 청동기시대 후기부터 초기 철기시대로 이 기간의 청동기문화는 필자가 구체적으로 검토한 바에 따르면, 다음과 같이 비파형동검 시기의 2단계, 세형동검시기의 2단계로 모두 2시기 4단계로 구분된다.[2)]

---

1) 세형동검 시기의 보다 세분된 하위 단계에 대해서 주조 철기의 공반 여부를 통해서 구분하는 의견도 있지만, 공반되는 다른 청동기의 기종과 형식에 차이가 없으므로 인정하기 어렵다.

2) 청동기 갖춤새를 분류함에 우선 주요 기종을 살펴 일정한 상사성이 인정되면 동일한 문화로 설명하고, 주요 기종은 공통되지만 그 이외의 기종 혹은 주요 기종의 형식에 차이가 있으면 그 아래의 개념인 유형으로 설명하고자 한다. 한국과 중국에서는 유적 유물 복합체를 총체적으로 설명할 때 문화와 유형의 개념을 활용하기도 하는 바, 대체로 문화는 유형보다 시공간적으로 상위의 개념이다. 인류학에서 통용되는 생활양식의 총체로서 문화의 개념 중에 의식주 생활의 각 장르별로 하위 문화의 개념을 사용하는 것과 구별된다.

여기서는 단계구분과 절대연대와 관련한 논의에 대해서는 다뉴경과 직접 관련이 없으므로 생략하고, 각 단계별 해당되는 청동기 문화 유형을 중심으로 설명하고자 한다.

표 4-1 청동기문화의 시기 구분(이청규 1997)

단계	동검 시기	연대	청동기	동경
I	비파형동검 전기	800-600BC	전형 비파형동검	조문경(A)
II	비파형동검 후기	600-400BC	변형 비파형동검	
III	세형동검 전기	400-250BC	세형동검, 동모, 이형동기	조세문경(B)
IV	세형동검 후기	250-100BC	세형동검, 동모, 동과, 청동방울	세문경(C)

1) I기(비파형동검 전기)

기원전 9-7세기경 전형적인 비파형동검과 A형 조문경을 표지로 하는 시기로, 요하 상류를 중심으로 한 하가점상층문화(夏家店上層文化)[3], 대릉하(大陵河) 중류를 중심으로 한 십이대영자문화(十二臺營子文化)[4]가 유행한다.

하가점상층문화에는 공병식동검(銎柄式銅劍)을 기본으로 하는 청동기 갖춤새로 용두산(龍頭山) 유형(그림 4-1)과 남산근(南山根) 유형이 있다. 전자가 후자보다 빠른 것으로 주장되고 있으며, 그 분포 공

이청규, 「영남지방 청동기문화의 전개」, 『영남고고학』 21, 1997.

3) 靳楓毅,「夏家店上層文化及其族屬問題」, 『考古學報』 1987-2, 1987.

4) 복기대, 「능하유형」, 『요서 지역의 청동기시대 문화연구』, 백산자료원, 2002.

烏恩岳斯圖, 「十二台營子文化」, 『北方草原考古學文化研究-靑銅時代至早期鐵器時代』, 科學出版社, 2007.

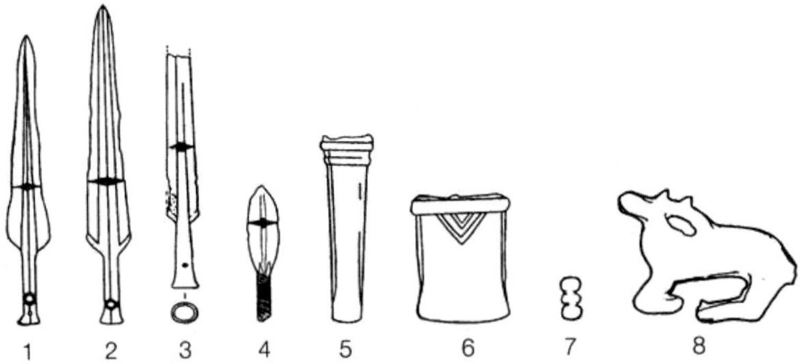

1,2: 옹우특기 대포자 3,4,5,6,7,8: 극십극등기 용두산
그림 4-1 용두산 유형의 청동기

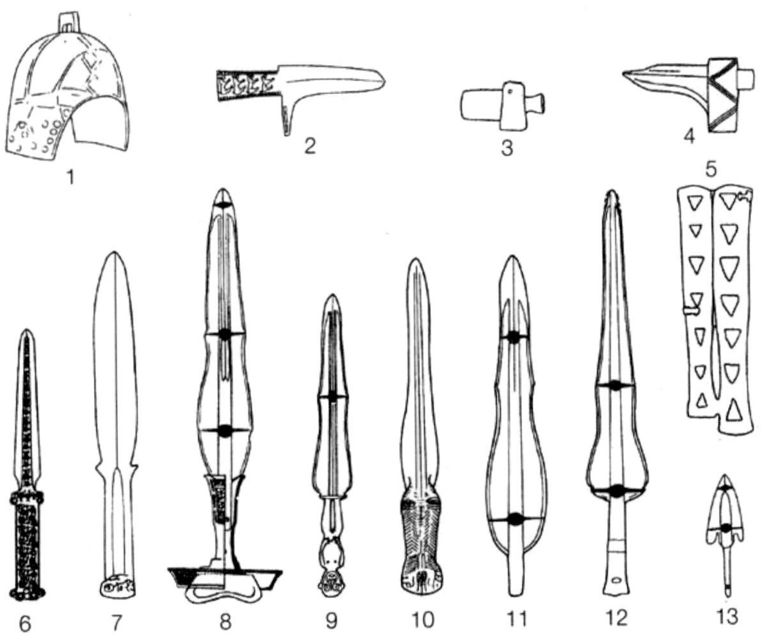

1,2,3,4,7,9: 영성 남산근 5,6,10,12: 영성 소흑석구
8: 영성 초가구 11: 객좌 산만자 13: 적봉 홍산후
그림 4-2 남산근 유형의 병기

간도 같은 요하 상류 중에서 전자가 시라무렌강 유역에 치우쳐 있다면 후자는 그 남쪽의 노합하(老哈河) 유역에 걸쳐 있다.[5] 그리고 비파형동검과 A형 다뉴경이 공반되는 것은 후자의 남산근 유형으로 영금하(營金河) 유역에 분포하는 영성 소흑석구(小黑石溝)와 남산근 일대[6]의 무덤 유적 출토 예로 대표된다.

무기로서 검(劍), 모(鉾), 과(戈) 등이 있는데, 검은 재지계의 공병식(銎柄式)을 비롯하여 북방계의 비수식(匕首式)과 십이대영자 유형의 비파형동검이 모두 공반된다. 비수식의 경우 자루 끝에 고리와 동물머리, 방울 등의 장식이 다양하고, 비파형의 경우도 검자루가 같이 주조되어 동물 형상은 물론, 앞뒤면으로 남녀 사람을 형상화한 예가 특징적이다. 과(戈)는 내(內)와 원(援)을 갖춘 중원계와 함께 자루구멍이 있는 북방계 관공부(管銎斧)도 출토한다. 중원계라 하더라도 변형되거나 북방계 동물무늬가 장식된 변형 혹은 융합형이 공반된다(그림 4-2).

생활 공구로는 도자(刀子), 도끼와 송곳 등이 확인된다. 도자 또한 기본적으로 북방계로서 자루 끝에 둥근 고리, 말머리, 방울, 그리고 돌기가 있는 형식 등이 다양하게 나타난다(그림 4-3). 용기는 기본적으로 복잡한 문양과 명문(銘文), 기형이 특징인 중원계가 출토되지만, 재지계로서 무늬 없는 고유 기종도 제작된다(그림 4-4). 의기로서 십이대영자 유형에서 보이는 형식의 A형 거울 1점이 소흑석구에서 출토된 예가 있다. 세부 형식과 앞서 관련하여 검토한 바처럼 십이대영

5) 朱永剛, 「夏家店上層文化向南的分布態勢與地域文化變遷」, 『慶祝張忠培先生七十歲論文集』, 科學出版社, 2004.
6) 秋山進午, 「赤峰市寧城小黑石溝と南山根遺跡」, 『東北アジア民族文化研究』, 同朋舍, 2004.

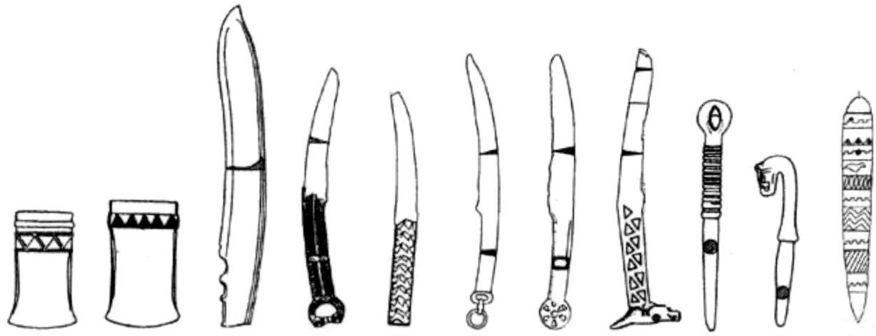

1,2,4,5,7,9,10,11: 영성 소흑석구 3: 영성 남산근 6: 영성 천거천
8: 건평 석립산

그림 4-3 남산근 유형의 생활 공구

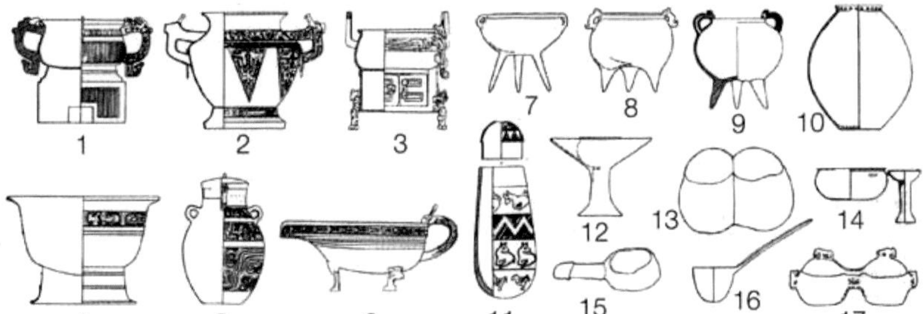

1,2,3,4,5,6,9,12,15,16: 영성 소흑석구 7,8,10,11,13,14: 영성 남산근
17: 영성 와방중

그림 4-4 남산근 유형의 용기

자 유형으로부터 전이된 것으로 보인다.

이처럼 남산근 유형은 주변의 여러 계통이 융합된 양상을 잘 반영하고 있는 바, 특히 청동단검의 다양한 형식이 그러한 현상을 함축적으로 보여주고 있다. 무기와 공구, 차마구, 그리고 장식품 등의 상당수에서는 북방계통이 기본을 이룬다(그림 4-5).

십이대영자 문화의 하위유형으로 대릉하유역의 십이대영자 유형, 그 남부 발해만연안의 오금당 유형, 요동지역의 양가촌 유형 등이 있다. 십이대영자 유형에서는 십이대영자[7]를 비롯하여 소파적(小波赤)과 목두구(木頭溝), 원대자(遠臺子), 건평(建坪)의 대랍한구(大拉罕

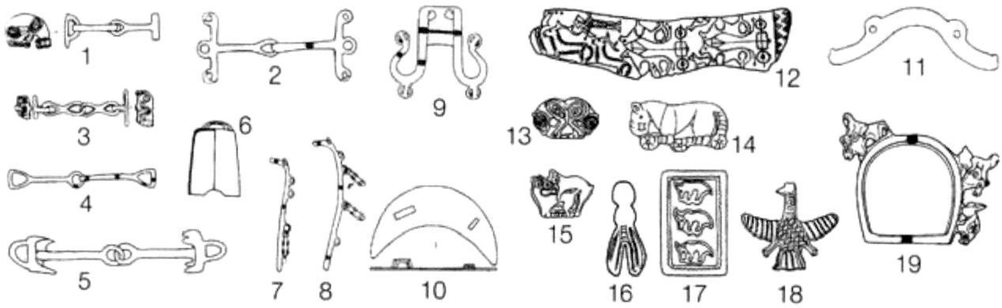

1,3,7,8,9,11,13,14,15,17: 영성 소흑석구 2,5,12,18,19: 영성 남산근
4,10: 영성 천거천 6: 영성 초가구 16: 오한기 주가지

그림 4-5 남산근 유형의 의기와 위세품, 차마구

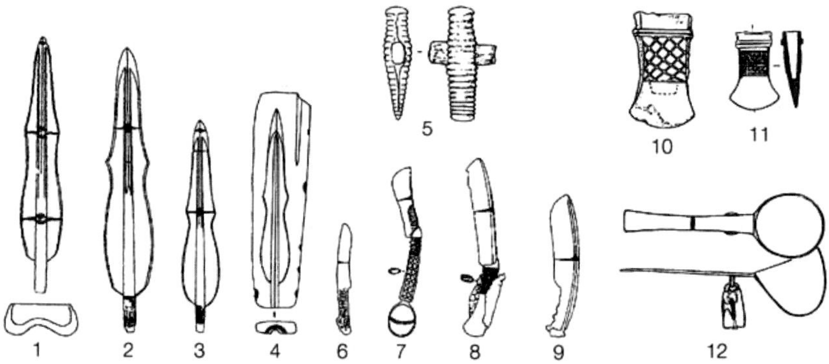

1: 건평 대랍한구 2,6,11: 조양 십이대영자 3: 조양 북대자 4: 조양 황하구
5,7,8: 건평 난가영자 9: 객좌 화상구 10,12: 건평 포수영자

그림 4-6 십이대영자 유형의 병기와 공구

---

7) 朱貴, 「遼寧朝陽十二台營子青銅短劍墓」, 『考古學報』 1960-1, 1960.

溝), 포수영자(包手營子), 란가영자(灤家營子) 유적[8] 등의 예가 있다. 무기로서 재지계의 비파형동검과 동모만 공반되고, 중원계 혹은 북방계 무기가 공반되지 않는다. 도자로는 자루에 돌기가 있는 형식은 있지만, 북방계의 전형적인 동물 머리나 방울 장식이 달린 예는 없다(그림 4-6). 무엇보다도 연속 Z자 무늬의 AI식 동경이 동 유형의 고유 특징으로서 동일한 기하학무늬 장식의 예가 다수 확인된다(그림 4-7).

오금당 유형은 금주 오금당 유적[9]을 표지로 한다. 무기로 대릉하-요하중류의 재지적인 비파형동검과 함께 중원으로부터 유입된 동과(銅戈)가 있다. 장신구로 십이대영자문화의 고유한 기하학무늬 장식이 있는 방형 패식(牌飾)은 있으나, 기하학무늬동경은 출토되지 않고 있다. 거여구(車輿具)의 부속으로 방울달린 수레굴대 끝 마구리가 있는 바, 중원계로 설명된다(그림 4-8). 이를 보면 오금당유형은 십이대영자 유형의 토착적 속성을 기본적으로 갖추고 있지만, 남산근 유형에 보이는 북방계와 중원계 요소가 모두 보인다는 점에서 전형적인

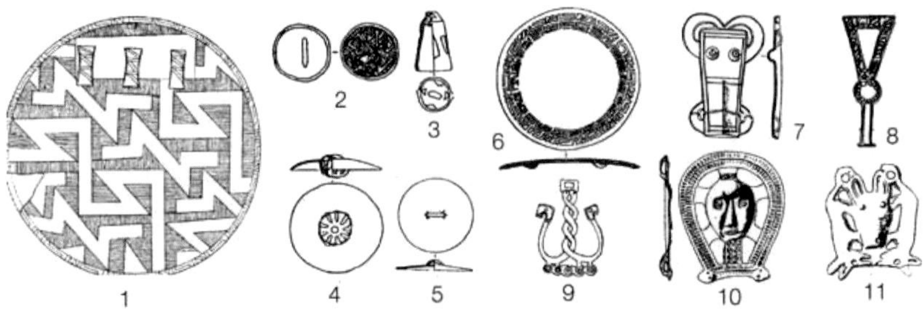

1,6,8,9,10,11: 조양 십이대영자 2: 조양 소파적 3: 건평 난가영자
4: 건평 대랍한구 5,7: 건평 포수영자
그림 4-7 십이대영자 유형의 의기와 위세품

8) 李殿福, 「孤山子・榆樹林子青銅時代墓葬」, 『遼海文物學刊』 1991-2. 1991.
9) 錦州市博物館, 「遼寧錦西烏金塘東周墓調査記」, 『考古』 1960-5, 1960.

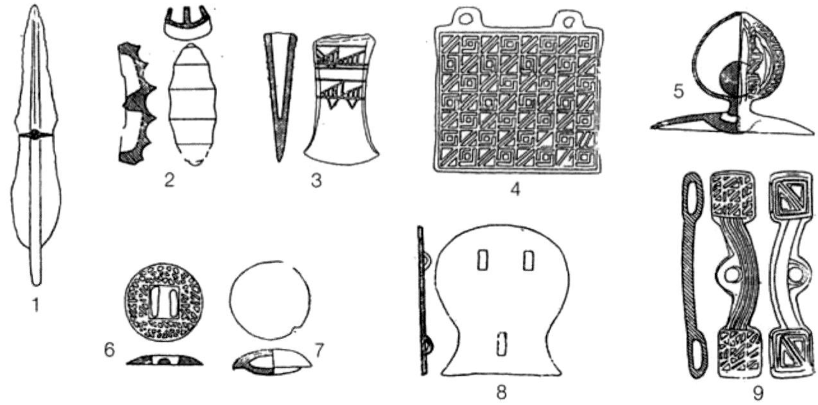

1-9: 금서 오금당
그림 4-8 오금당 유형의 청동기

십이대영자 유형과 다르다.

양가촌(梁家村)-강상(崗上) 유형은 요하 이동에서 요동반도에 이르는 지역을 중심으로 한 본계 양가촌과 대련 강상유적을 표지로 한다. 무기로 비파형동검, 공구로 끌과 도끼, 의기로서 AI식 다뉴경이 있으며, 그밖에 원형장식, 차마구 등등이 있다. 중원식의 무기와 용기는 물론이거니와 북방계 동물장식이 거의 보이지 않는다. 북방과 중원계통의 청동기가 전혀 없는 점에서는 십이대영자 유형과 구분이 된다(그림 4-9).

요동과 북만주, 그리고 한반도 지역에서는 동 단계에 중원계 무기와 용기는 거의 탈락된다. 비파형동검만 단독으로 출토되는 경우가 많고, 가끔 비파형 창끝과 화살촉, 도끼 등이 공반될 뿐이다. 요북(遼北)과 요동 지역에서 무순(撫順) 대갑방(大甲邦)[10], 축가구(祝家溝),

10) 撫順市博物館考古隊, 「撫順地區早晚兩類青銅文化遺存」, 『文物』 1983-9, 1983.

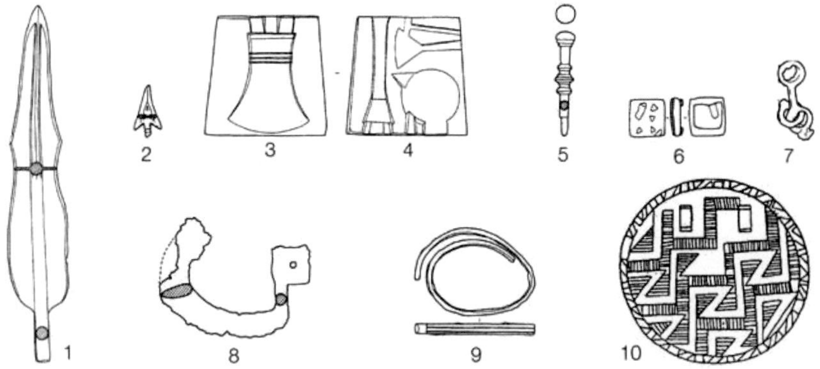

1-9: 여순 강상 10: 본계 양가촌

그림 4-9 양가촌 유형의 청동기

서풍(西豊) 성신촌(誠信村)[11], 부풍둔(埠豊屯), 청원(淸原) 문검(門臉)[12], 요양(遼陽) 이도하자(二道河子)[13], 보란점(普蘭店) 쌍방(雙房)[14], 길림장춘 지역에서 영길(永吉) 성성초(星星哨)[15], 한반도에서 부여 송국리[16], 여천 적량동[17], 마산 진동리[18] 등이 사례가 바로 그것이다.

---

11) 遼寧省西豊縣文物管理所, 「遼寧省西豊縣新發見的幾座石棺墓」, 『考古』 2期, 1995.
12) 淸源縣文化局, 「遼寧淸源縣門臉石棺墓」, 『考古』 1981-2, 1981.
13) 遼陽市文物管理所, 1977, 「遼陽二道河子石棺墓」, 『考古』 1977-5.
14) 許明綱 · 許玉林,「遼寧新金縣雙房石盖石棺墓」, 『考古』 1983-4, 1983.
15) 吉林市文物管理委員會等, 「永吉星星哨水庫石棺墓及遺址調査」, 『考古』 1978-3, 1978.
16) 김영배 · 안승주, 「부여 송국리 요령식동검 출토 석관묘」, 『백제문화』 7 · 8합집, 공주사대백제문화연구소, 1975.
17) 李榮文, 『한국지석묘연구』, 학연문화사, 2004.
18) 沈奉謹, 「경남지방출토유물의 신례」, 『釜山史學』 4, 1980.

2) II기(비파형동검 후기)

후기 비파형동검을 표지로 하는 시기로 기원전 6-5세기경 춘추말 전국초에 해당한다. 대릉하 중상류에서 남동구(南洞溝) 유형, 요하 중하류에 정가와자(鄭家窪子) 유형이 자리 잡는데, 이들 유형을 십이대영자문화의 전통을 계승하는 동 II기문화로 설명할 수도 있다. 남동구 유형은 객좌 남동구[19], 능원(凌源) 삼관전자(三官甸子)[20] 등의 예로 대표된다(그림 4-10). 무기로 비파형동검과 함께 중원계의 동검, 동과가 전하며, 용기로 궤(簋)와 정(鼎)이 있는데 춘추말 전국초의 연(燕)나라 형식이다.

남동구 유형이 공반되는 상당수의 청동기 갖춤새가 중원 연나라계통과 북방계통이 융합한 것이라면, 정가와자 유형은 중원계나 북방계

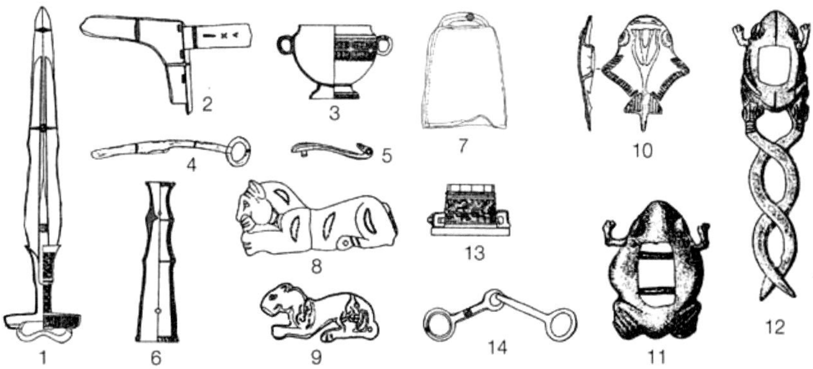

1,2,3,4,5,6,10,13: 객좌 남동구 7,8,9,11,12,14: 객좌 삼관전자

그림 4-10 남동구 유형의 청동기

19) 遼寧省博物館・朝陽地區博物館,「遼寧喀左南洞溝石棺墓」,『考古』1977-6, 1977.

20) 遼寧省博物館,「遼寧凌源縣三官甸青銅短劍墓」,『考古』1985-2, 1985.

가 거의 없는 재지계 혹은 십이대영자 유형 전통에 보다 충실한 점에 상호 대조가 된다. 간혹 중원계 청동기가 요하 동쪽에 산발적으로 출토되지만, 기본적으로 대릉하 중류 이동을 크게 넘지 못한다.

정가와자 유형은 심양 정가와자와 여대(旅大) 루상(樓上)[21], 평양 신성동 무덤의 예로 대표된다. 무기로 창과 과는 없고 검과 활촉만 있을 뿐이다. 검은 비파형만 있을 뿐 북방계나 중원계는 보이지 않는다. 공구로 도자, 도끼, 끌, 송곳이 있는데, 북방계의 동물 머리나 고리, 돌기 장식 등이 없는 단순형으로 이미 요하 유역에 널리 보급된 형식들이다. 용기로는 중원계는 물론 재지계도 보이지 않는 바, 이는 요동과 길림, 한반도 전 지역의 청동기 갖춤새의 공통된 특징이다.

의기(儀器)로 방울과 함께 십이대영자 유형의 전통을 잇는 변형 Z자 무늬의 AII식 다뉴경과 원형경식(圓形鏡飾), 그리고 재지화된 방패형동기와 나팔형동기 등의 이형동기(異形銅器)가 전한다. 장식품으로서 장화에 장식된 단추형 동포(銅鉋)가 다량 전하지만, 북방계 동물 장식은 전혀 보이지 않는 점은 대릉하 유역을 중심으로 하는 전단계

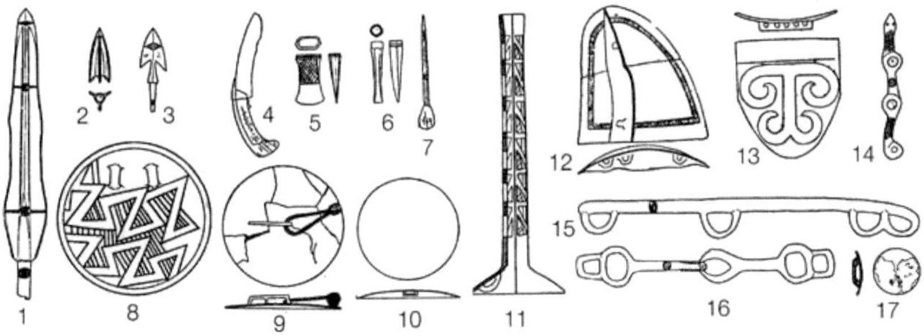

1-17: 심양 정가와자

그림 4-11 정가와자 유형의 청동기

---

21) 旅順博物館, 「旅順區后牧城驛戰國墓清理」, 『考古』 8, 1960.

의 십이대영자 유형과 다르고, 같은 지역권 내에 있는 양가촌-강상 유형의 전통을 계승한다. 차마구로 재갈과 재갈멈치, 멍에 장식 등이 전하는데 이미 재지화된 것으로 이해된다(그림 4-11). 정가와자와 루상 유적에서는 공반하는 토기 갖춤새와 무덤 형식이 차이가 나므로, 별도의 지역집단에 속할 가능성이 많다.[22)]

3) III기(세형동검 전기)

이 시기는 전국 전기에서 말기에 이르는 기원전 4-3세기경으로서 초기형과 전형의 세형동검을 표지로 한다. 그 주요 청동기 갖춤새가 출토하는 지리적 범위는 요서와 요동 지역은 물론, 북만주와 한반도로 확대된다. 요서 서남부의 동대장자유형(東大杖子類型), 요하 이동으로 한반도와 길림, 연해주 지역에 걸친 오도령구문(五道嶺溝門)-남성리(南城里) 유형이 있다. 물론 이들 유형은 각각 관련된 토기갖춤새 등으로 보아, 별도의 문화에 소속될 가능성은 얼마든지 있다.

동대장자 유형은 건창(建昌) 동대장자[23)]를 비롯하여, 객좌 원림처(園林處)[24)], 노야묘(老爺墓)[25)] 등의 출토 예로 대표된다. 무기로 비파형동검과 초기 세형동검이 전하기는 하지만, 연(燕)나라의 단검과 과(戈)도 함께 전한다. 연나라의 용기에 특징적인 구형(球形)의 돈(墩)과 높은 두(豆)의 식기, 취사기로서인 정(鼎), 물그릇인 세(洗), 이(匜) 등이 공반된다.[26)] 차마구로 차축두와 재갈 등이 있는데 역시의 연나

22) 박순발, 「점토대토기문화의 정착과정」, 『금강고고』 창간호, 2004.
23) 遼寧省文物考古研究所外, 「遼寧建昌縣東大杖子墓地2001-2002年發掘簡報」, 『考古』 2014-12, 中國社會科學院考古研究所, 2014.
24) 傅宗德 · 陳莉, 「遼寧喀左縣出土戰國器物」, 『考古』 1988-7, 1988.
25) 劉大志 · 柴貴民, 「喀左老爺廟鄉青銅短劍墓」, 『遼海文物學刊』 1993-2, 1993.

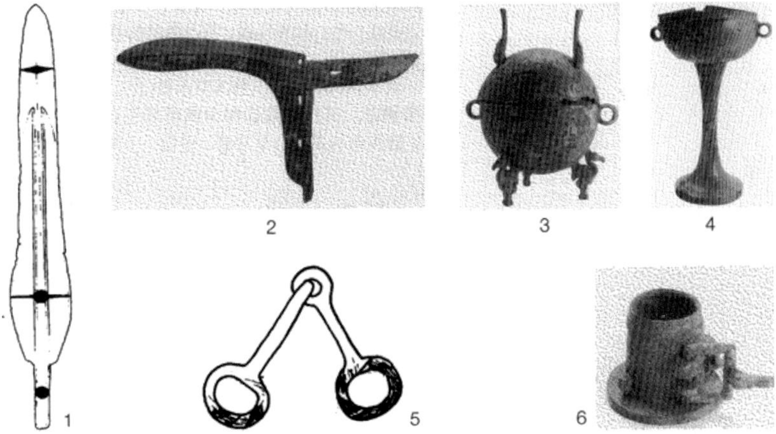

1-6: 건창 동대장자

그림 4-12 동대장자 유형의 청동기

라 계통으로서, 북방계 유물은 거의 보이지 않는다(그림 4-12).

요북과 요남 지역쪽에 분포하는 보란점(普蘭店) 후원대(後園臺)[27], 창도(昌圖) 곽가촌(郭家村)[28], 장하(庄河) 서가구(徐家溝)[29]의 예를 보면 재지계의 세형동검과 함께 중원계 단검이나 모, 과가 공반되고, 북방계 유물은 보이지 않는다. 드물기는 하나 용기로 연나라 화(盉)도 공반된다. 따라서 용기를 비롯한 다양한 기종의 중원계 청동기가 대량 공반되지 않는다는 점에서 차이가 나고 거리의 차이가 있지만, 연나라 청동기가 융합되는 점에서 넓은 의미의 동대장자유형에 포함

---

26) 宮本一夫,「戰國燕とその擴大」,『中國古代北疆史の考古學的研究』, 中國書店, 2000.

27) 王珍仁,「啓封戈」,『社會科學輯刊』 5期, 1979.

28) 李矛利,「昌圖發現青銅短劍墓」,『遼海文物學刊』 1993-1, 1993.

29) 許明綱,「大連市近年來發現青銅短劍及相關的新資料」,『遼海文物學刊』 1993-1, 1993.

될 수 있다.

오도령구문-남성리유형은 본계(本溪) 유가초(劉家哨), 집안(集安) 오도령구문(五道嶺溝門), 관전(貫甸) 조가보자(趙家堡子), 연해주 이즈웨스토코보에, 아산 남성리, 부여 연화리, 대전 괴정동, 예산 동서리, 익산 다송리 등의 유적이 이를 대표로 한다.

무기로 재지계 세형동검과 세형동모, 공구로 도끼, 끌, 사가 있다. 의기로 거울과 원개형동기, 동탁 등이 있는데, 거울은 삼각거치문을 기본 문양 단위로 하는 B형 동경으로서 앞선 단계의 정가와자 유형의 번개무늬 동경과 형식상 차이가 난다. 일부 전체 형태와 꼭지는 앞서 동경과 같으나 동물문이 장식된 변형의 예도 있다. 의기로 방패형 동기, 검파형 동기, 나팔형 동기 등이 있는데, 후자의 경우 아산만 일대에 한정하여 분포하는 지역성을 보여주고 있다. 이를 고려하면 하위 유형으로 남성리 유형을 별도로 분류할 수 있다(그림 4-13).

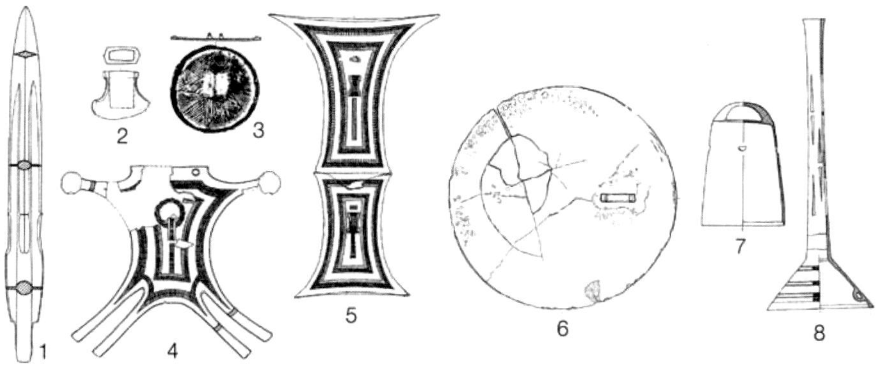

1,3,5,6,8: 예산 동서리 2,4: 아산 남성리 7: 대전 괴정동

그림 4-13 남성리 유형의 청동기

앞선 단계의 정가와자 유형과 마찬가지로 요서 지역의 예와 달리 중원계 혹은 북방계 등의 외래계 청동기를 거의 수용되지 않은 것이 특징이다. 공반되는 토기갖춤새가 정가와자유형과 같은 점토대토기와 흑도장경호 등이므로 동 유형은 정가와자 II기 유형으로도 설명할 수 있다.

4) IV기(세형동검 후기)

이 시기는 기원전 3-2세기경으로 후기 형식의 세형동검과 C형 세문경이 공반한다. 역시 점토대토기가 공반되는 바, 대동강 이남의 한반도와 일본의 규슈(九州)와 긴키 지역에 걸쳐 분포하는데, 대곡리(大谷里)-이화동(梨花洞) 유형으로 명명할 수 있다. 기본적으로 앞서 오도령구문-남성리 유형과 마찬가지로 북방계나 중원계의 청동기는 거의 보이지 않지만, 같은 시기의 중원계 연나라 주조 철기가 공반되는 특징을 보인다.

한편으로 새로운 한반도 형식의 기종이 제작 보급되는 바, 무기로서 연나라 동과를 변형 발전시킨 한국식 동과, 의기로서 전단계의 B형 조세문경을 발전시킨 한반도 고유의 C형 세문경이 그 대표적인 예이다. 또한 앞선 시기와 중국 동북 지역에서 보이지 않는 무구로서 청동방울이 특징으로 팔주령(八珠鈴), 쌍두령(雙頭鈴), 간두령(竿頭鈴), 조합식 이두령(二頭鈴) 등이 있다. 세부적으로 보면 청동방울이 공반되지 않는 이화동 하위 유형과 공반되는 대곡리 하위 유형이 있다.

전자는 함흥 이화동, 황해 봉산리, 부여 합송리, 전주 원장동, 장수 남양리, 일본의 요시다케 다카키 무덤에서 발견된 청동기 갖춤새로 대표되는데, 이 유형은 청천강 이남에 국한되어 압록강 이북에 발견되지 않는 대신 오히려 일본 지역으로 확산되는 현상이 두드러진다.

후자는 출토 지역을 보면 충남 논산, 덕산, 전남 함평 초포리, 화순 대곡리 그리고 상주 등으로 금강과 영산강 유역을 중심으로 하여 전부 한반도 남부 지역에 위치한다. 이러한 청동방울이 전 단계의 세형동검 관계 유적은 물론 비파형동검 관계 유적에서도 보이지 않는다(그림 4-14).

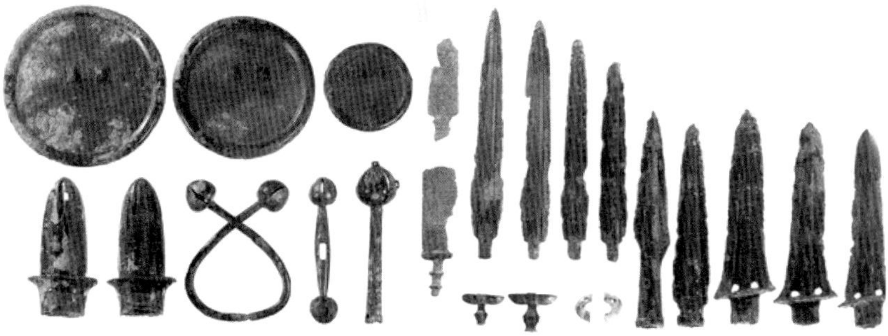

그림 4-14 대곡리 유형 -함평 초포리 청동기 (국립중앙박물관 1992)

2. 다뉴경의 시간적 변천

유물의 일정한 속성이나 형식의 변천 과정을 제대로 설명하려면 시간적 선후 관계를 말해주는 상대 연대와 시간의 폭을 알 수 있는 절대 연대가 뒷받침되어야 한다. 다뉴경 자체의 형식 혹은 속성 자체의 진화 과정이 관찰된다고 해서 그것만으로 곧 시간적 선후 관계를 말하는 것은 곤란하다. 두말할 것 없이 이를 입증하려면 출토 유구의 층위, 중복 관계, 기년명 자료 등이 있어야 하는데, 다뉴경과 관련해서는 이들 자료가 거의 확보되어 있지 않다. 이러한 상황에서 연대 추정의 근거로 활용할 수 있는 것은 대부분 같은 무덤에서 발견되는 앞서도 개략적으로 설명한 바 있는 공반 유물 갖춤새이다.

절대 연대와 관련하여 일정한 폭을 가진 단위 시간의 개념이 필요한 바, 시기 혹은 단계 등의 개념이 바로 그것이다. 앞서 보듯이 다뉴경은 동아시아에서 동검을 표지로 하는 1천년 가까운 절대 연대 폭을 가진 것으로 알려져 있다. 그러한 연대폭을 가진 다뉴경의 변천 과정을 설명하는데 우선 필요한 것은 상위 형식 A, B, C형의 변천과 관련된 시간 개념이다. 우선 각 형의 선후 관계가 분명하게 입증되어야 하고, 그런 다음 각 상위 형식이 존속하였던 절대 연대의 폭이 어느 정도되는가 입증하는 것이 필요하다.

앞에서 보듯이 상위 형식과 관련하여 A형 조문경은 비파형동검 시기에 걸쳐 있으며, B형 조세문경은 세형동검 전기, 그리고 C형 세문경은 세형동검 후기에 해당된다. 원칙적으로 각 형은 각기 다른 시기 혹은 단계에 속하는 것으로 되어 있으나, 실제로 서로 다른 상위 형식이 병존하는 예가 있다. 예산 동서리와 부여 구봉리의 사례가 바로 그것으로, 동서리에서는 B5식과 C1식, 구봉리에서는 B4식과 C1식이 한 무덤의 부장 유물(副葬遺物)로 공반 출토하였다. 이들 동경의 부장은 제작사용은 확실하지 않으나 무덤에의 매납(埋納)이 같은 시점에 이루어진 것임을 알려준다. 이는 또한 전자가 C형 중에 이른 형식, 후자가 B형 중에 늦은 형식이라고 하면 B형에서 C형으로 전환되는 과정을 보여주는 것으로, 실제로 문양의 속성 상태로 보아 C1식은 C형 중 조기형, B4식은 B형 중 말기형으로 이해된다.

이러한 A-B-C형의 진화 과정 중에 그 절대 연대와 연대 폭을 보면 어림잡아 A형은 기원전 800-400년의 400년간, B형은 기원전 400-250년의 150년간, C형은 기원전 250-100년의 150년간으로 환산되는 것이다. 물론 이러한 절대 연대 폭은 대략 추정치로서 1세대를 2-30년이라고 가정할 때, 각 상위 형식의 존속 기간은 최소한 5세대에서 최대한 20세대 남짓의 기간에 해당된다.[30]

이처럼 5-20세대의 기간 동안 다뉴경 상위 형식의 제작 기술과 모드가 지속되었다는 사실은 상호 긴밀한 유대 관계를 맺은 지역 집단 구성원들이 갖고 있는 문화의 전통을 말해주는 것이다. 다른 한편으로 150-400년간 지속된 전통을 유지하면서 제작 보급된 상위 형식이 교체되었다는 것은 상당한 수준의 지역 집단의 내재적인 동인 아니면 외부적인 충격이 있지 않고서는 불가능하다고 할 수 있다.

중위 형식과 관련하여 그 선후 관계와 시간 폭을 살펴보면 우선 A1식의 대부분은 전형적인 비파형동검 시기에 속하는 것이 확인된다. 그러나 같은 A1식이라 하더라도 모티브가 상당히 변형된 A1c식의 정가와자(鄭家窪子) 동경의 경우, 공반 유물이 변형 비파형동검을 표지로 하는 것으로서 한 단계 늦다. A2식의 평양 신성동 다뉴경도 정가와자와 같이 변형 비파형동검과 흑도장경호 세트와 조합을 이루고, 주연부의 속성이 다를 뿐 문양 모티브 자체에서도 차이가 없어 양자

30) 최근에 중국 전국시대의 북경 신장두(申庄頭) 30호 출토 세형동과와 요서식(遼西式) 동과의 추정 연대, 그리고 방사성탄소 AMS 연대의 새로운 분석 결과를 토대로 세형동검 시기의 상한을 100-200년 끌어올리는 주장이 일본 연구자들에 의해 제시된 바 있다. 그러나 필자는 동과의 연대를 50년 정도 상향 조정이 가능하더라도 그 외에 세형동검, 세문경의 편년관을 크게 바꿀 만한 근거는 아직 마련되지 못했다고 본다.
宮本一夫, 「遼東の遼寧式銅劍から弥生の年代を考えて」, 『史淵』 145, 2008.
小林青樹外, 「遼西式銅戈と朝鮮式銅戈の起源」, 『中國考古學』 7, 2007.

가 거의 같은 단계의 것으로 판단된다. 따라서 A1식과 A2식의 선후 관계는 분명하지만 비파형동검 시기의 2단계에서 A1식의 일부가 A2식과 공존한다고 볼 수 있다.

B형 조세문경의 중위 형식을 보면 우선 B1식의 무문경은 예산 동서리 등의 공반 유물로 보아 세형동검 전기에 걸쳐 장기간 지속된 것이 확인된다. 무문경은 경주 조양동의 방제(倣製) 다뉴경에서 보는 것처럼, 세형동검 후기 이후에 속하는 예도 있어 그 전통이 어느 다른 B형 동경보다 오래 지속됨이 확인된다. 그것은 무문경 자체가 다른 유문경과 달리 제작 과정 중에서 가장 노력이 많이 드는 시문 과정이 생략됨에 기인한다 볼 수 있다. 1구식인 B2식은 대체로 세형동검 전기 후반에 속하는 갖춤새와 공반하는 것으로 알려져 있다. B3식의 경우 전 전북의 예로 보아 세형동검 전기의 전반에 속하는 것이 분명하지만, 전 맹산 출토 거푸집의 예처럼 진화된 형태가 있어 세형동검 전기 후반에까지 지속될 가능성도 충분히 있다.

B5식은 대전 괴정동의 예를 보면 같은 무덤에서 B6식과 공반되고, 전주 여의동에서는 B4식과 공반하고 있다. 더욱이 맹산 출토의 거푸집을 보면 B3식과 B5식의 틀이 앞뒷면에 함께 있어, 이들 각기 다른 중위 형식이 동시에 제작되었음을 알 수 있다. 이러한 맥락이라면 B3, B4, B5, B6식 4형식이 세형동검 전기 후반에 모두 동시에 제작되었다고 할 수 있다.

또한 예산 동서리 유적에서는 B1식, B5식의 조세문경이 세문경 C1식과 공반 부장된 바 있다. 이 사례로 볼 때 B형의 중위 형식 상당수는 세형동검 전기에서 후기로 넘어가는 전환기에 이르기까지 지속된다고 할 수 있다.

C형 세문경의 중위 형식 C1-C5식은 그 대부분 세형동검 후기의 청

동기유물조합과 공반된다. 그러나 경주 입실리에서 세형동검 후기 이후의 유물과 공반되는 것으로 알려진 1례가 있어 그 하한은 동 단계까지 내려갈 가능성을 배제 못한다. 다만 입실리 일괄 유물은 발굴 조사에 의한 것이 아니어서 그 공반 관계가 분명치 않은 문제점이 있다.

그중 B1식과 공반하는 중위 형식의 사례가 앞서도 본 것처럼 예산 동서리의 예가 있다. 그것은 C1식으로 다른 C2-C5식이 모두 세형동검 후기의 갖춤새와 공반되는 것과 차이가 난다. 따라서 C1식은 다른 중위 형식보다 이른 것이라고 판단할 수 있다.

같은 C형이면서 중위 형식이 서로 다른 거울이 공반 출토한 예로서 C2식, C3식, C4식 세 형식의 동경이 공반된 함평 초포리의 예가 있다. 당진 소소리에서는 C2와 C3식이 공반되는 바, 이를 통하여 C2, C3, C4식이 같은 시점까지 지속된다고 볼 수 있다. 반대로 C1식은 다른 하위 형식의 다뉴경과 공반한 사례가 없으므로, C1식은 세형동검 전기에서 후기로 넘어가는 전환기에 속하는 것으로 볼 수 있다(표 4-2).

표 4-2 다뉴경 각 중위 형식의 단계

형식 / 단계	A		B						C				
	A1	A2	B1	B2	B3	B4	B5	B6	C1	C2	C3	C4	C5
비파형동검 전기	■												
비파형동검 후기	■	■											
세형동검 전기		■	■	■	■	■	■	■					
세형동검 후기									■	■	■	■	■

중위 형식의 시간적 폭을 살피면 긴 경우는 A1식처럼 2단계 400년에 걸친 예가 있지만, B,C형의 다뉴경의 상당수는 1단계의 시간 폭 내에서 크게 벗어나지 않는다. 그것은 대체로 200-100년의 시간폭을

가진 것으로 5-10세대 정도에 해당된다.

다뉴경 개별 유물의 추정 연대는 최소한 수십년 이상의 시간적인 폭을 둘 수밖에 없다. 대부분 무덤에서 매납된 상태로 수집된 것이므로, 제작된 당초에서 매납되기 전까지 피장자가 생전에 사용한 기간을 고려하기 때문이다. 여러 개체가 포함되는 하위 형식의 연대 폭은 더욱 길어질 수밖에 없는 바, 최소한 2세대 이상의 50년 전후의 절대연대가 다뉴경 형식의 최소 시간 단위 개념임을 인식해야 한다.

다수의 하위 형식을 포괄하는 각 중위 형식의 지속 기간인 시간적 단계의 폭은 그보다 훨씬 길 수밖에 없다. 앞서 설명한 것처럼 중위 형식은 A형 조문경의 경우 2단계 걸쳐 300-400년, B형 조세문경의 경우 1단계 150-200년, C형 세문경의 경우는 대부분 1단계 150년으로 각각 하위 형식의 6-8배, 3-4배, 3배가 되는 셈이다. A형 조문경의 경우 그 중위 형식은 물론 하위 형식의 시간이 상대적으로 긴 것은 그 변화의 속도가 그만큼 느린 것을 말함에 다름이 아니다. 그 변화 속도는 B형 조세문경, C형 세문경으로 갈수록 더 빨라지는 것이다. 그러나 하위 형식의 상대 연대나 시간 폭은 공반 유물을 통해서는 확인되기 어렵고, 다만 자체 속성 상태의 변이를 통해서 막연하게 추정할 뿐이다.[31)]

31) 같은 중위 형식에 속하나 하위 형식이 다른 예가 한 무덤에 부장된 예로 화순 대곡리의 예가 있다. C2b와 C2c이 공반되어, 당연히 하위 형식의 부장 단계에서 동시성이 인정된다. 물론 동일한 하위 형식의 다뉴경이 복수 공반 부장된 사례도 있다. 한 토기 안에 포개져 매납된 규슈 오고리 와카야마의 다뉴경은 같은 C3c식으로서 그러한 대표적인 예이다. 아산 남성리의 B6식 거울 2매가 부장된 예도 또한 그러하다. 이는 반대로 동일한 하위 형식이 서로 다른 시간적 단계에 있지 않다는 것을 반증하는 자료이기도 하다.

3. 다뉴경의 공간적 분포

다뉴경의 형식 분포를 제대로 이해하려면 전체 분포권을 영역으로 하여 상위와 중위, 하위 지역의 위계적인 지리적 구분 체계가 이루어져야 한다. 이는 형식 분류나 시간적 분기가 위계적으로 이루어져야 하는 것과 비슷한 맥락이다. 그러한 지역 구분의 기준으로 지리적인 형세만이 아니라 다뉴경 자체의 분포 상태도 고려해야 한다.

파경까지 포함한 다뉴경이 분포한 전체 영역은 만주-한반도-일본 서부 지역을 아우르는 바, 이는 비파형동검-세형동검을 표지로 하는 한국계 청동기문화권의 범위와 대략 일치한다. 서쪽으로 대릉하 상류, 요하 중류를 경계로 하고, 동쪽은 연해주, 그리고 일본 열도로는 긴키 지역을 경계로 한다. 북쪽으로 제2송화강 상류, 그리고 남쪽으로는 제주도가 포함된다(그림 4-15).

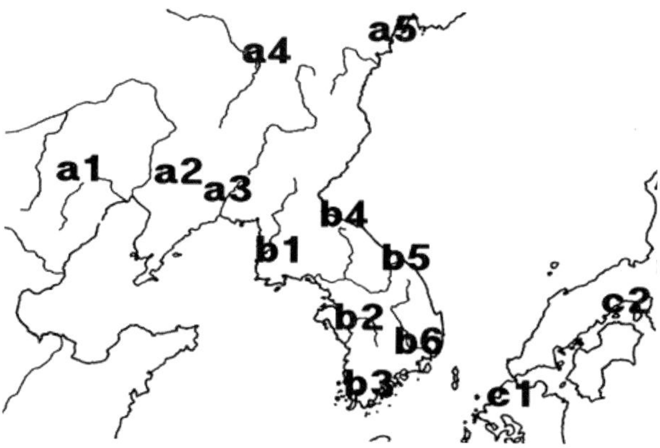

그림 4-15 다뉴경 분포권의 지역 구분

표 4-3 다뉴경 형식의 지역 구분과 형식 분포

<table>
<tr><th colspan="3">지역 구분</th><th colspan="3">형식 분포</th></tr>
<tr><th>상위</th><th>중위</th><th>하위</th><th>A</th><th>B</th><th>C</th></tr>
<tr><td rowspan="5">만주</td><td rowspan="2">서부</td><td>요서(a1)</td><td>A1a</td><td></td><td></td></tr>
<tr><td>요동(a2)</td><td>A1b</td><td>B1 B2</td><td></td></tr>
<tr><td rowspan="3">동부</td><td>압록강(a3)</td><td></td><td>B1 B2 B6</td><td></td></tr>
<tr><td>송화강(a4)</td><td></td><td>B6</td><td></td></tr>
<tr><td>연해주(a5)</td><td></td><td>B6</td><td>C1</td></tr>
<tr><td rowspan="6">한반도</td><td rowspan="3">서부</td><td>평남(b1)</td><td>A2</td><td>B1 B2 B3 B4 B5</td><td>C2 C5</td></tr>
<tr><td>충남(b2)</td><td>A2</td><td>B1 B3 B4 B5 B6</td><td>C1 C2 C3 C4 C5</td></tr>
<tr><td>전남(b3)</td><td></td><td>B5</td><td>C2 C3 C4</td></tr>
<tr><td rowspan="3">동부</td><td>함남(b4)</td><td></td><td></td><td>C4 C5</td></tr>
<tr><td>강원(b5)</td><td></td><td></td><td>C2 C3</td></tr>
<tr><td>경상(b6)</td><td></td><td></td><td>C2 C3</td></tr>
<tr><td rowspan="2">일본</td><td>서부</td><td>구주(c1)</td><td></td><td></td><td>C2 C3 C5</td></tr>
<tr><td>동부</td><td>근기(c2)</td><td></td><td></td><td>C2 C3</td></tr>
</table>

상위 지역은 만주, 한반도, 그리고 일본 열도로 구분할 수 있는 바, 그것은 지리적 형세에 따른 것이지만, 이는 또한 각각 A형과 B형의 공통 분포권, A형, B형, C형의 공통 분포권, 그리고 C형의 단독 분포권에 대응되기도 한다.

만주는 다시 중위 지역으로 A형이 분포하는 만주 서부의 요령성 지역과 B형이 분포하는 만주 동부의 길림, 연해주 지역으로 세분할 수 있다. 하위 지역은 지리적 형세를 기준으로 하여 요령성 지역은 요하상류와 하류 지역으로 구분이 가능하다. 그리고 만주 동부 지역은 압록강 유역, 송화강 상류 유역, 그리고 연해주 지역으로 세분할 수가 있다.

한반도의 경우 중위 지역으로 B, C형의 거울이 분포하는 서부 지역과 C형 거울만이 분포하는 동부 지역으로 구분할 수 있다. 서부 지역은 그 밀집 분포권을 따져 평남 · 황해, 충남 · 전북, 전남과 제주, 그리고 동부 지역은 함남, 강원, 그리고 경상의 하위 지역으로 세분할 수 있다. 일본 지역은 C형이 밀집한 규슈(九州)와 긴키(近畿)지역으로 세분할 수 있다.[32] 이렇게 구분되는 지역권을 고려하여 다뉴경 각 형식의 분포 상황을 살펴보면 다음과 같다(표 4-4,5,6).

표 4-4 다뉴경 형식과 지역별 분포

지역 \ 형식	A1 뇌문	A2 변형 뇌문	B1 무문	B2 엽맥 격자 수금	B3 삼각 평행	B4 삼각 평행 원권	B5 삼각 성형	B6 삼각 거치 원권	C1 삼각 외구 조형	C2 삼각 외구 1식	C3 삼각 외구 2식	C4 삼각 외구 3식	C5 삼각 외구 4식	합계
a1(요서)	5													5
a2(요동)	2		1	1										4
a3(압록강)			2	2										4
a4(송화강)								3						3
a5(연해주)								1	1					2
b1(평남 · 황해)		3	2	1	1	1	2			2			3	15
b2(충남 · 전북)		1	1		2	4	6	3	3	9	7	7	3	46
b3(전남)							1			6	1	2		10
b4(함남)												2		2
b5(강원)										2	2			4
b6(경상)										2	1			3
c1(구주)										3	3	1	2	9
c2(근기)										1	1			2
합계	7	4	6	4	3	5	9	7	4	25	15	12	8	109

---

32) 다른 연구자들의 지역 구분안을 보면 경기 지역의 추가, 그리고 경북, 경남의 세분이 확인된다. 그러나 다뉴경의 분포만을 고려하면 이들 지역을 추가하거나 세분할 경우 설명이 불편하다. 따라서 다뉴경 자료가 동 지역에 다수 확보되기까지는 동 지역 구분안을 채택하고자 한다.

표 4-5 다뉴경의 지역 분포

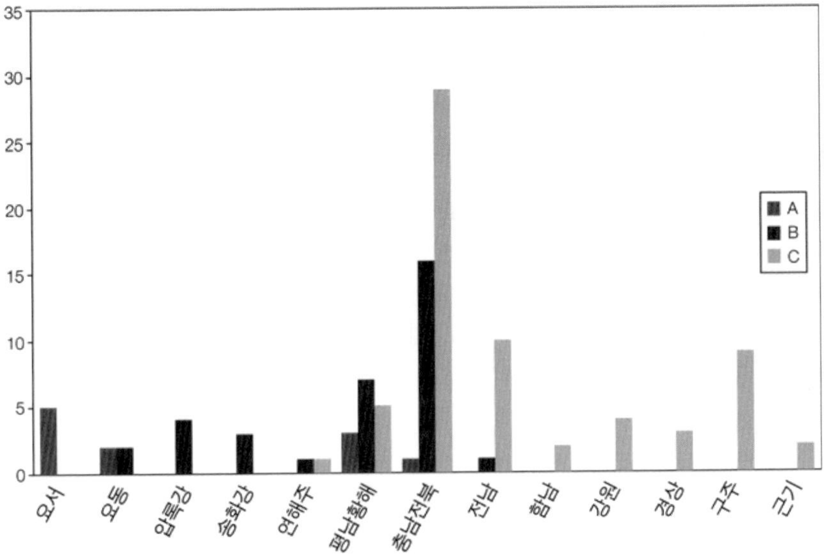

표 4-6 세문경 각형식의 지역 분포

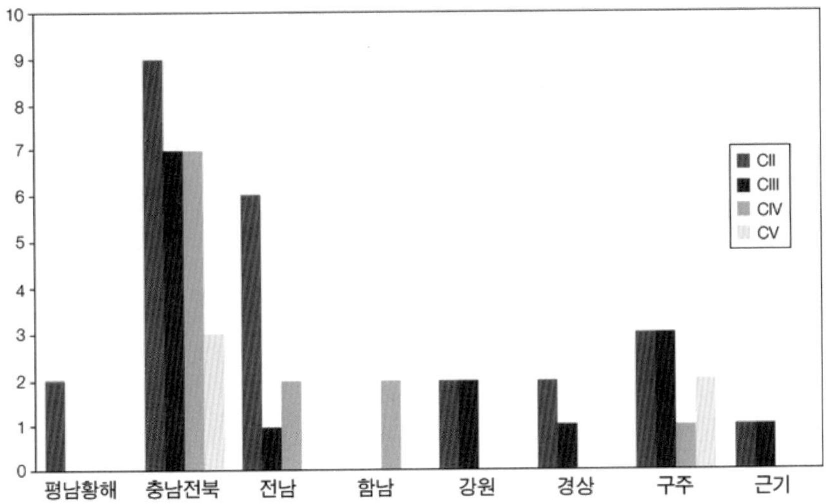

각 지역별로 구체적으로 각 형식의 분포를 살펴 보면 우선 요서 지역(a1)에서는 조문경의 이른 단계 형식인 십이대영자, 소흑석구 등의 Z자 무늬 A1a, A1b식만 성행한다. 요동 지역(a2)에서는 A1a식 조문경도 있지만 정가와자의 예와 같은 A1c식, 그리고 무문의 B1식 조세문경과 함께, 물새무늬의 본계 유가초 B2c식 조세문경도 발견된다. 그러나 동 지역에서 그 이후의 후계 형식은 발견되지 않는다.

압록강 유역(a3)에서는 아직 A형 조문경은 발견된 예가 없지만, B형 조세문경으로 무문의 B1식, 엽맥문(葉脈文)의 B2식이 발견된다. 대동강 유역에서 Z자 무늬 조문경 A2식의 예가 발견된 사실을 비추어 볼 때 이 지역에서 동일한 형식이 장래 발견될 가능성이 높다 하겠다. 송화강 상류 지역(a4)에서는 발견되는 4례 중 3례가 이중원권 삼각문의 조세문경 B6식인 것이 앞서 요동과 압록강 유역과 다르다. 연해주 지역(a5)에서도 송화강 유역과 같이 역시 조세문경 B6식이 발견되었다. 한편 동 지역에서 이른 형식의 세문경 동심원문 C1식이 보급되는 것이 주목된다.

한반도로 내려와 서부 지역에서 대동강 유역(b1)에서는 변형된 Z자 무늬의 A2a식이 평양 신성동, 그리고 다음 B식의 성형문경으로 이행하는 것으로 추정되는 A2b식의 전 성천경이 발견된다. 따라서 이른 단계의 A1식은 발견되지 않아 요령성 지역과는 차이가 있음이 확인된다.

B형 조세문경으로서 무문의 B1식이 평양 정백리, 격자문의 B2식이 황해 연안 소아리, 원권 평행삼각문 B4식이 경기도 연천에서 출토하고, 평행삼각문 B3식과 성형문(星形文) B5식이 앞뒷면에 새겨진 거푸집이 맹산에서 출토되었다고 전한다. 따라서 B형의 중위 형식 전부가 전 지역에 골고루 발견되는데, 다만 한반도 서부 지역인 충남과 전남

지역에서 확인되는 B6식이 분포되지 않은 사실이 주목된다.

다음 C형 세문경 중위 형식의 분포를 보면 C2식이 대동 반천리, C5식이 황해 봉산 송산리, 용산리에서 확인되지만 C3식과 C4식은 발견되지 않는 사실이 주목된다. 후자 2개 형식의 동경은 한반도 서부의 남한 지역에서는 발견되는 바, 장래 조사를 기다릴 필요가 있겠다.

충남과 전북 지역(b1)의 경우 변형 Z자문의 A2b경이 충남에서 출토되었다고 전할 뿐 평남 · 황해와 마찬가지로 이른 A1식은 발견되지 않는다. 이 지역에서 B형 조세문경으로 거의 모든 중위 형식이 발견된다. 무문의 B1식은 예산, 평행삼각문의 B3식은 전북, 원권평행삼각문(圓圈平行三角文)의 B4식은 전주와 익산, 성형문(星形文)의 B5식은 대전, 부여, 예산, 전주 등지에서 그리고 원권성형문(圓圈星形文) B6식은 대전과 아산 등지에서 확인된다. 특히 B5식의 상당수가 이 지역에서 발견되는 바, B5a식은 부여 연화리와 예산 동서리, B5b식은 부여 구봉리와 예산 동서리, 전주 여의동에서 발견되었다. 다음 세문경 C형으로 이행하는 과도기적 형식인 B6b식이 아산 남성리를 비롯한 이 지역에서만 확인된다. 따라서 B식의 여러 중위 형식이 제작 사용 매납되고 동시에 다음 C식으로 이행하는 과정이 이 지역을 거점으로 하여 이루어졌을 가능성이 높다 하겠다.

C형 세문경의 경우를 보면 그 초기형으로 인정되는 C1식의 모든 하위 형식인 C1a, C1b, C1c식이 부여, 예산, C2식의 하위 형식 C2b, C2c식이 논산, 당진, 완주, C3식의 하위 형식 C3a식, C3b식이 당진, 완주, 전주에서 각각 출토되었다. C4식의 하위 형식으로 장수에서 C4b식, 아산, 부여, 논산에서 C4c식 등이 다른 지역에 비해 가장 많은 숫자가 발견되었다. C5식으로는 1점이 완주에서 출토되었다. 이러한 분포 상황을 종합하면 동 지역이 C형의 여러 중하위 형식이 창안되고

제작 보급된 거점일 가능성이 높다고 추정할 수 있다.

한반도 서부 최남단인 전남 지역(b3)에서는 A형의 거울이 전혀 발견되지 않는다. B형 또한 늦은 단계의 것으로 이해되는 성형문 B4c식이 전남 소록도에서 1점 발견되었을 뿐이다. 대부분 C형 세문경만 발견될 뿐으로, 그것은 A형은 물론 B형 다뉴경의 대부분이 이 지역에서 제작 보급되지 않았을 가능성이 높다는 것을 말해준다.

이 지역에서 발견되는 C형 세문경은 그 대부분이 C2식으로서 그 하위 형식인 C2b, C2c식이 화순, 영암, 함평에서 발견되었다. 그밖에 C3식과 C4식이 화순, 함평에서 발견된 사례가 있다. 이러한 C형의 발견 상황을 보면 그 이른 단계의 것으로 인정되는 C1식과 그밖에 하위 형식 중에서도 이른 것으로 인정되는 사례가 보이지 않는다. 그러면서 영암에서 다량의 청동기 거푸집이 발견된 사실로 미루어 볼 때, 한반도의 제작 보급 중심지로서 가장 늦은 단계에 속하는 것으로 추정된다.

한반도 동부의 함경, 강원, 경상 지역에서는 C형 세문경만이 확인되는 점이 A, B, C형 동경이 모두 발견되는 서부 지역과 대조가 된다. 함경도(b4)에서는 C4식만 함흥 용산리와 이화동에서, 강원도(b5)에서는 C2식과 C3식이 원주와 양양, 횡성에서, 그리고 경상도(b6)에서는 C2식으로 전 경남출토 예가 있고, C3식이 경주 입실리와 사천 월성동에서 발견되었다. 이들 세문경은 그 하위 형식의 대부분이 이른 것으로 보이는 C2a, C3a식인 것이 공통된다.

일본의 경우도 C형 세문경만 분포한다. 그중 규슈(九州) 지역(c1)에 집중되는데, C1식을 제외하고는 C2, C3, C4, C5식의 모든 중위 형식이 분포한다. C2식의 경우는 C2b식이 사가현(佐賀縣) 우키군덴(宇木汲田), 혼손모리(本村龍), C3식은 후쿠오카(福岡) 오고리(小郡)와 사가(佐賀) 마츠다(增田), 그리고 C4식이 야마쿠치(山口)에서 발견되었다. 긴키 지역(c2)에서는 오사카(大阪)에서 C2식, 나라(奈良)에서 C3식이 각 1점 발견되었을 뿐이다.

위에서 살펴본 다뉴경의 분포양상을 형식별로 재정리하면 우선 A형의 거울은 내몽고 영성(寧城)에서 요령(遼寧) 건평(建平), 조양(朝陽) 등 요서 지역에서 집중 발견되고, 요동과 한반도의 서부 평남, 충남 지역에서 드물게 분포한다. 그 가장 이른 형식 A1a식은 십이대영자경으로서 그 세부 형식의 차이와 그 변천 과정으로 보아 요서의 대릉하 유역에서 기원해서 서쪽으로는 같은 요서 지역의 내몽고 영성과 요령 건평으로 전파된다. 동쪽으로 요동 지역으로 전파되기까지는 A1식을 유지하였지만, 한반도 서부 지역에서는 A2식으로 변형되면서 전파된다. 만주 동부와 한반도 남부와 동부, 그리고 일본에는 A형 조문경이 전파되지 않는다. 같은 비파형동검 시기의 동검, 동모, 동부가 일본을 제외한 위의 지역에 전파되는 것과 차이가 있다.

B형 조세문경의 경우 무문의 B1식은 요동, 압록강 유역과 평남 황해, 충남 전북 지역에 분포하는 바, 이 또한 앞서 A2식의 분포 범위와 일치한다. 조문경에서 세문경으로 넘어가는 과도기 단계의 B2식 또한 한반도 동부, 중부 이남, 일본 열도에는 확인되지 않고 만주 서부의 압록강 유역인 단동과 집안, 한반도의 서부 황해에 각각 1점씩 확인될 뿐이다.

그러나 정형화된 삼각집선문을 단위 문양으로 한 조세문경 B3, B4, B5식은 만주에서는 발견되지 않고, 한반도 서부 지역으로 내려와 평남 황해, 충남 전북을 중심으로 보급된다. 그중 B4식은 충남 전북의 남한 서부 지역에 집중 분포한다.

원권으로 구획을 하여 외, 중, 내구를 갖춘 B6식은 앞서의 형식과 달리 만주 지역의 송화강 유역과 연해주에서도 다수 발견된다. 그리고 한반도의 충남 전북에 보급되지만 같은 한반도 서부인 평남 황해와 전남 지역에서는 발견되지 않는다. 전자가 압록강 유역-서북한-서남한, 후자가 만주 동부-서남한으로 연결되는 서로 다른 분포 양상을 보여주는 형국이 된다. 여전히 한반도 동부와 일본 열도에서는 이들 B형의 거울이 발견되지 않는 지역적 차이가 있다.

다음 C형 세문경의 분포 상황을 보면 A, B형이 발견되었던 만주 지역에서는 전혀 확인되지 않는 대신, 한반도 그리고 A,B형이 발견되지 않았던 일본 열도에서 다수가 발견된다. 그중에서도 B형 조세문경이 밀집 분포하였던 한반도 서부의 평남 황해와 충남 전북 지역에서 집중적으로 보급된다. 특히 B형 세 중위 형식이 모두 출토하는 충남 전북 지역에서 C형의 모든 형식이 출토하는 것이 주목된다.

중위 형식별로 살펴보면 우선 조세문경인 B형에서 세문경인 C형 단계로의 이행을 보여주는 C1식에 속하는 거울로 예산 동서리와 부여 구봉리의 예가 있어 이 지역이 처음 세문경의 보급지이었음을 시사해 준다. 연해주 지역에서도 동심원문의 C1식이 확인되어 초기 세문경으로의 이행이 동 지역에서 전혀 이루어지지 않았다고 보기는 어렵다. 그러나 지금까지 확인되는 자료로 보아 세문경 C식의 보급은 만주 연해주 지역에서 거의 이루어지지 못하였음은 확실하다.

C2식은 그 초기형인 C2a인 경우 그 분포가 한반도 동부, 강원, 경상 지역으로 한정되어 있다. 그러나 외구에 사각형 구획문이 부가 장식된 C2b식은 한반도 전 지역과 일본 열도에까지 널리 분포하고, 특히 평남 황해와 충남 전북에 상대적으로 많다. 그렇지만 외구에 동심원문이 덧붙여진 C2c식은 충남 전북과 전남 지역에 집중되는 현상을 보여주고 있다. 이를 보아 전형적인 C2식 세문경은 그 조형인 B형 조

세문경이 집중 보급되는 평남 황해와 충남 전북 지역을 중심으로 보급된 것으로 보인다. 그리고 일정한 과정을 거쳐 그 후기 지역형인 C2c식이 충남 전북과 전남을 거점으로 하여 제작 보급되는 것이다. 그러면서 한편으로 C2식 세문경은 다뉴경으로서는 처음으로 일본 지역에 분포되는 사실이 확인된다.

C3식도 한반도와 일본 열도에 널리 분포하지만, 현재까지 자료로는 C2식과는 그 거점에서 다소 차이가 있다. C2식이 한반도 동부, 서부 전역에서 출토되지만, C3식은 평남 황해 지역에서는 발견되지 않고 있다. 상대적으로 C3식의 모든 하위 형식인 C3a, C3b식이 일본 열도에서 발견된다.

C4식의 경우 대부분 남한 서부인 충남 전북과 전남 지역에 집중되고 있다. 한반도 동부인 함남 지역에서도 2점, 그리고 일본 규슈(九州) 지역에서 1점 발견되었다. B형은 물론 C형의 상당수가 발견된 평남 황해 지역에서는 앞서 C3식과 마찬가지로 아직 1점도 확인되지 않았다. C5식은 한반도 서부의 평남 황해 지역에 집중되고, 충남 전북 지역에 1점이 확인된다. 그리고 한반도 동부에서는 발견되지 않지만, 일본 규슈 지역에서는 발견되고 있는 것이다.

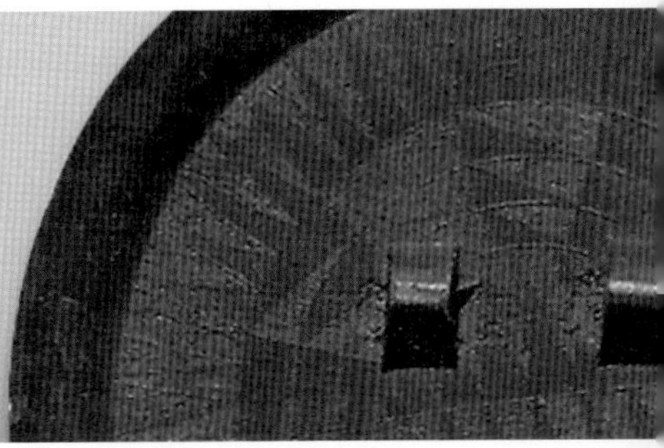

제5장 다뉴경 문양의 전개

1. 조문경에서 세문경으로의 이행

앞서 설명하였듯이 다뉴경에는 상위 형식으로 A, B, C형이 있으며, 각각 뒷면의 문양을 구획하는 방법에 차이가 난다. A형의 경우 배면(背面) 전체를 단일 공간으로 하여 문양을 연속 시문하지만, B형의 경우 일부 내외구가 구획되기 시작하다가 C형의 경우 모든 거울이 엄정한 구도의 구획이 이루어진다. 또한 대부분의 A,B형 거울에서는 단위 문양에서 일부 개별적인 도안과 충전이 이루어진 사실이 확인되지만, C형과 같은 별도의 엄정한 작업을 필요로 하지 않는다. 대부분의 A, B형과 달리 C형 세문경은 각 문양대의 구획, 그리고 단위 문양의 시문 등의 엄정한 설계와 제작 공정을 거쳐 완성된다. C형의 등장 자체를 통하여 단위 문양의 개념과 시문(施文) 기술의 변화가 혁신적이라고 말할 수 있을 정도이다.

A, B, C형 내의 각각의 중위 형식은 상위 형식을 유지하면서 다뉴경 작품의 개성 혹은 정체성을 강조하기 위해서 일정한 변이를 의도적으로 만들었기 때문이라고 생각한다.

그렇다고 중위 형식의 차이가 모두 장인 집단의 차이 때문이라고 설명할 수 없는 바, 그러한 증거가 각기 다른 중위 형식의 틀이 동일한 거푸집 앞뒷면에 조성된 맹산 출토 거푸집이다.

동일한 중위 형식의 문양을 염두에 두고 동시에 제작하더라도 제작할 때마다 일정한 변이가 발생할 가능성 또한 배제할 수 없다. 전체 형태의 틀을 제작하는 방법은 다른 집단 혹은 장인이 쉽게 모방할 수 있지만, C형 거울의 세부문양은 수용 또는 모방하기가 쉽지 않다.

하위 형식의 차이는 기술적으로 발전, 유지, 퇴보 등의 상황이 반영된 것으로 이해된다. 특히 앞서 2자의 경우는 동일한 장인 집단에 의한 것일 수 있지만 퇴보의 경우 제작의 방법과 개념이 충분하게 전달되지 않아 발생한 것으로 설명할 수 있다. 이러한 상황을 고려하여 각 형식별로 구체적인 사례를 설명하면 다음과 같다.

A1식의 조문경에서는 Z자문이 기본 모티브로 선택되어 자체적인 변형만이 일어날 뿐 별도의 문양 요소가 추가되거나, 차용되지 않는다. Z자문은 당시 요하 유역의 동검 검파두식(劍把頭飾)과 같은 다른 청동기에서도 볼 수 있는 문양으로 내몽고 서부나 중원 지역에서는 확인되지 않는다. Z자문이 연결되는 부위가 직각을 이루는 A1a식이 원형으로서, 조양 십이대영자와 본계 양가촌의 예가 이에 속한다. 연결 부위가 사선으로 되어 있는 A1b식은 후기형으로서 영성(寧城) 소흑석구(小黑石溝)와 건평(建平) 대랍한구(大拉罕溝)와 포수영자(炮手營子)의 예가 있다. 나아가 Z자문이 흐트러지기 시작하고 여백을 메꾸는 평행집선문도 그 정형성을 잃어버리는 예로 심양 정가와자의 A1c식이 있다. 더 나아가 완전히 그 기본형을 잃어버린 예로 A2식의 전 평양, 전 충남, 평남 성천 동경이 있다. 이들 변형의 조문경은 폭이 좁은 유사 외구문양대(外區文樣帶)를 갖추고 있으며, 꼭지는 그 형태가 흐트러지고, 거울 가운데 쪽으로 내려오는 경향을 보여준다.

요약하면 Z자문이 정형성을 점차 잃어가는 추이를 보이는 바, 그 형태의 변천 과정은 A1식은 조양 십이대영자-영성 소흑석구-심양 정가와자, A2식은 평양 신성동-전 평양- 전 성천 순으로 정리할 수 있다. A형 조문경에 속하는 거울들의 문양추이를 보면 일정한 퇴보적 현상이 확인되는데, 이는 동일 장인 집단에 의한 것이라기보다는 원기술을 충분히 숙지 못한 다른 장인에 의한 모방 때문인 것으로 보여진다. 더욱 A2식의 경우 그러하다. 요서 지역과 요동 지역 일부를 제외하고는 각 지역에서 발견되는 거울은 현지 기술로 모방한 제품으로 추정된다. 바꾸어 말하면 거울 자체의 유통이나 기술자의 이동이 요동과 한반도 지역간에 제대로 이루어지지 못하였다는 것이다.

B형에서는 우선 B2식의 여러 과도기적인 형식이 주목된다. 기왕에 알려진 A형 다뉴경의 것과 다른 새로운 모티브를 선택하여 실험적으로 시문된 것이다. 단동 조가보의 방사상(放射狀) 엽맥문(葉脈文, B1a), 황해 소아리의 사격자문(斜格子文, B1b)과, 본계(本溪) 유가초(劉家哨)의 수금문(水禽文, B1c)이 바로 그것이다. 그 연대 차이가 많고 단뉴(單鈕)인 것이 달라서 상호관계가 있다고 보기 어렵지만, 문양구도로만 본다면 B1a식과 유사한 것으로 안양(安陽) 소둔(小屯) 5호묘 등의 출토 예가 있다.[1] 수금문(水禽文)과 동심원문 또한 중원경 혹은 북방경에서 영향을 받았을 가능성이 없다고 말하기 어렵다. 이러한 B2식의 문양 중 사격자문(斜格子文)과 엽맥문(葉脈文)은 간헐적이나마 다음 C형의 외구(外區) 구획문(區劃文)으로 채택되지만, 수금문은 전혀 계승되지 않는다.

정형화된 B형의 모습은 B3-B6식에서 확인되는 바, A형에서 배경을

---

1) 宋新潮, 「中國早期銅鏡及其相問題」, 『考古學報』 1997-2, 1997.

채운 삼각집선문이 주된 단위문양으로 채택된다. 평행삼각집선문 B3식의 경우 아직 기술이 안정되지 않은 상태에서 시도된 것이 전 전북의 예라고 할 수 있다. 구대문(溝帶文)의 요소가 있어 A형의 전통을 보여주는 상명대학교박물관 다뉴경이 확실한 출토품이라면 전 전북의 예보다 앞선다 하겠다. 보다 정연한 평남 맹산 용범(鎔范)의 예는 그 다음의 것으로서, 이러한 B3식경의 순서는 기술의 발전 과정을 보여준다.

B4식은 B3식의 모티브를 내구 주문양으로 하고 폭이 좁은 외구에 별도의 삼각집선문, 사격자문(斜格子文)을 시문한 것으로 익산 다송리(B4a), 전주 여의동(B4a), 전 연천(B4b)의 사례가 있다.

B5식경의 성형문(星形文)은 전 성천의 A2식경에서 유래하였다고 하는 견해도 있다. 동경은 아니지만 유사한 성형문은 요서 지역의 소흑석구(小黑石溝) 무덤의 청동 장식품에서도 확인된다. 똑같은 성형문은 출토지점과의 거리와 연대의 격차가 커서 직접 관계가 있다고 보기 어렵지만 중국 청해(青海) 잉마태(孕馬台)의 출토 예가 있다. 또한 중국 전국시대 산자문경(山字文鏡)으로부터 영향을 받았다는 의견도 있지만, 현재로서는 그 유래에 대한 어느 설도 단정하기 어렵다. 여하튼 성형문 B5식경은 내구가 채워지지 않은 연화리 B5a식에서 내구가 사각집선문으로 채워진 전주 여의동 B5b식으로 발전한 것으로 보인다.

B6식의 경우 그 이른 예가 길림 화전(樺甸) 서황산둔(西荒山屯)과 연해주 이즈웨스토코보에에서 확인되는 바, 주연부가 단면 돌기형을 하고 있다(B6a식). 보다 정형화된 아산 남성리의 예를 보면 주연부의 단면이 반원형으로 다음 세문경 C형에 근접해 있다(B6b식). B6식은 그 초기형이 만주와 연해주에서 확인되는 것으로 보아 동형식의 형성

이 만주 지역에서 이루어졌을 가능성을 배제 못한다. 그것은 B5식이 한반도에서 형성되었을 가능성이 높은 것과 대조가 된다.

전형적인 세문경으로 이행하기 전의 C1식은 그 하위 형식으로 외구 대합삼각문경 C1a식, C1b식이 있는데, 이들 문양의 모티브는 이미 B5, B6식에서 확인되는 외구 문양의 전통을 이은 것이다. C1b식의 예산 동서리경에는 중구에 Z자문이 있는데, 이는 앞선 단계의 A형 동경이나 다른 청동기의 예로 보아 전 단계의 단위 문양 전통을 수용한 것이라 할 수 있다. C1식의 또 다른 하위 형식으로 동심원문의 C1c식이 있다. 동심원문경은 단뉴동경이지만 은대의 안양(安陽) 대사공촌(大司空村) 29호묘 출토 예가 있으나 그 시공적인 차이로 그 관계를 주장하기 어렵다 하겠다.

2. C형 세문경의 단위 문양

전형적인 C형의 세문경은 무엇보다도 외구, 중구, 내구별로 선택되는 단위 문양에 일정한 차이가 있음이 주목된다. 앞서 보듯이 이에 대해서는 우노 다카오(宇野隆夫)가 처음 개념화하여 분류하고, 이를 다시 미야자토 오사무(宮里修)가 수정 보완한 바 있다. 여기서에도 기본적으로 미야자토의 분류안을 따르되 내구의 사각집선문 단위 문양을 비롯해서 일부를 나름대로 수정하여 제시하고자 한다.

최근에 세문경의 단위 문양을 검토한 정지은은 각각의 단위 문양에 대해서 변이형태가 다양하게 확인되고 있는 사실을 발표한 바 있다.[2)]

---

2) 정지은,「다뉴세문경의 단위 문양 연구」, 영남대학교 석사학위논문, 2013.

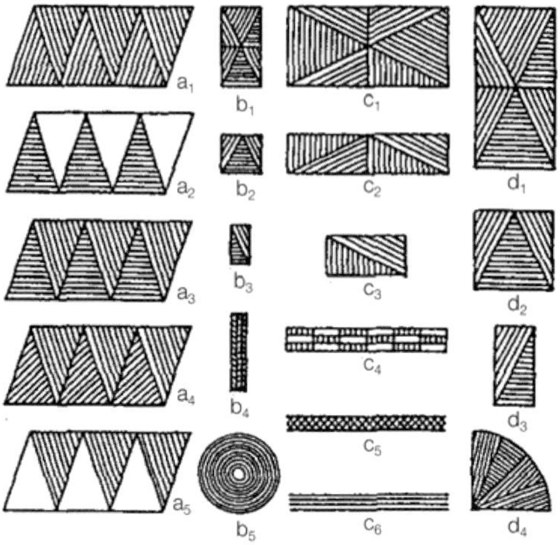

그림 5-1 우노의 세문경 단위 문양

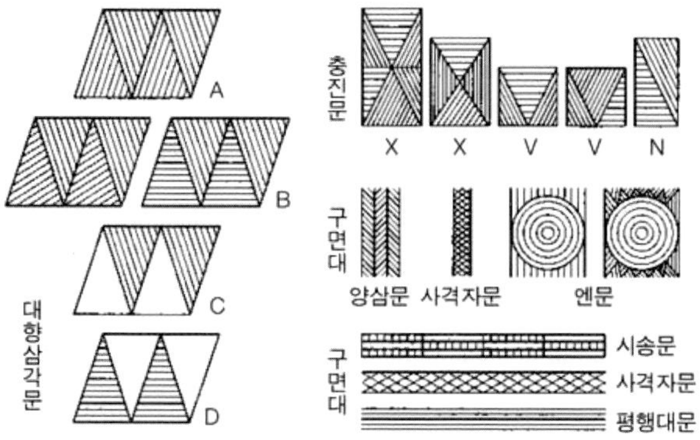

그림 5-2 미야자토의 세문경 단위 문양

이를 고려하고 각 하위 형식별로 채택한 단위 문양을 설명하면 다음과 같다.

이하 단위 문양 설명은 이 논문 참조.

1) 단위 문양 a류

외구의 경우 대합삼각집선문이 연속적으로 시문되는데, 우노는 평행집선문이 어떤 식으로 충전되는가에 따라 각각 구분되는 5개의 단위 문양을 제시한 바 있다(그림 5-1). 이를 미야자토가 일부 조정하여 4개의 단위 문양을 설정하였는 바(그림 5-2), 필자도 앞서 형식 분류안에서 제시한 것처럼 그의 안을 따르고자 한다(그림 5-3). 단위 문양 a1은 마주보는 2개의 삼각형 내부를 각각 한쪽의 긴 변과 평행한 집선문으로 채운 것, 단위 문양 a2는 2개의 삼각형 중 밑변을 내구 쪽으로 한 삼각형의 내부를 밑변에 평행하게 또는 약간 비스듬하게 집선문을 채운 것, 단위 문양 a3는 2개의 삼각형 중 밑변을 내구 쪽으로 한 삼각형의 내부를 비운 것, 그리고 단위 문양 a4는 2개의 삼각형 중 밑변을 주연부 쪽으로 향한 삼각형의 내부를 비운 것으로 그 삼각형의 양변을 2중으로 한 것도 포함시켰다.[3] 이를 기준으로 세문경의

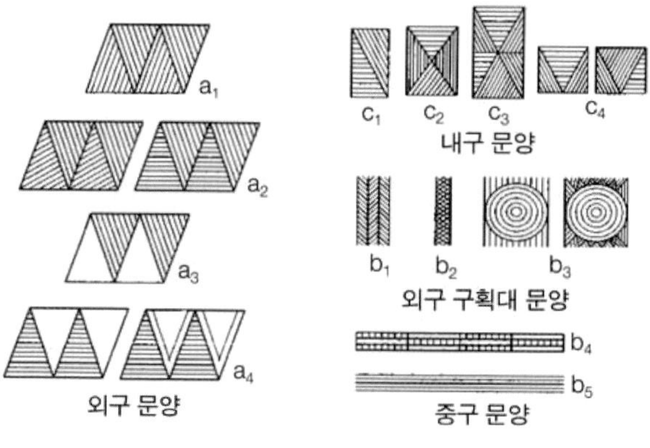

그림 5-3 이청규의 세문경 단위문양

---

3) 이러한 단위 문양의 평행집선문의 음각 방향은 거푸집에 시문한 그 자체가 아니라 그것을 찍어낸 것으로 반전되었음을 주의할 필요가 있다.

중위 형식을 분류한 것은 앞서 본 바와 같다.

이들 단위 문양에는 각각 약간의 변화를 준 사례들이 확인된다. 우선 단위 문양 a1류에는 좌측 긴 변과 평행하는 집선으로 내부를 충전한 삼각문을 상하 대칭시켜 연속하는 단위 문양 a1-1과 이를 좌우 반전시킨 단위 문양 a1-2가 가장 많다. 단위 문양 a1-3은 단위 문양 a1-2가 변형된 형태로 C1b식의 충남 예산 동서리 4경에서만 유일하게 확인되는 단위 문양이다. 단위 문양 a1-4와 a1-5는 a1-1과 a1-2가 변형된 형태로 상하 반전시킨 삼각문이 맞닿는 긴 변을 선이 아니라 단위 문양 b류 혹은 c류로 구획된 것이다.(그림 5-4)

단위 문양 a2-1은 거울의 주연부와 맞닿은 쪽으로 밑변을 두는 삼각문 내부의 집선 시문 방향은 단위 문양 a1-1과 같으나, 내구쪽으로 밑변을 둔 삼각문 내부에 밑변과 평행하는 집선문이 시문된 것이다. 단위 문양 a2-2는 a2-1의 변형된 형태로 거울의 주연부와 맞닿은 쪽으로 밑변을 두는 삼각문 내부의 집선 시문 방향은 a2-1과 같으나, 중·내구와 맞닿은 쪽으로 밑변을 두는 삼각문 내부에 단위 문양a1-1

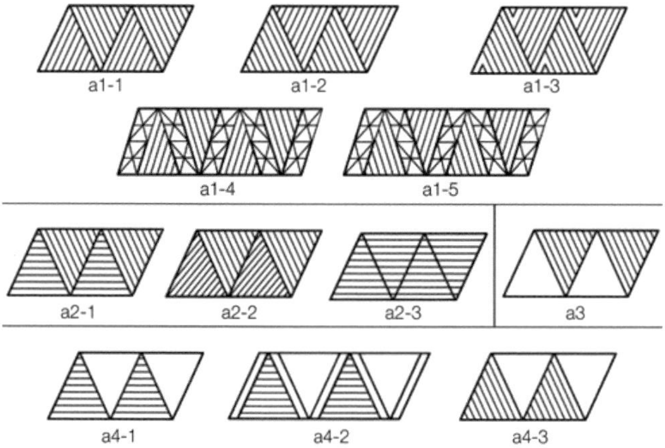

그림 5-4 정지은의 단위 문양 a류 도식화

의 내부 집선보다 작은 각을 이루며 밑변 방향으로 비스듬히 누운 평행집선이 시문된 것이다. 이는 강원 양양 정암리 다뉴경에서만 유일하게 확인된 단위 문양이다. 단위 문양 a2-3은 거울의 주연부와 맞닿은 쪽으로 밑변을 두는 삼각문과 내구쪽으로 밑변을 두는 삼각문의 내부에 모두 짧은 밑변과 평행하는 집선을 시문한 것으로 전북 전주 원장동 2경에서만 유일하게 확인된다.

단위 문양 a3은 한 종류만 확인된다. 단위 문양 a4-1은 단위 문양 a3과 반대로 거울의 주연부와 맞닿은 쪽으로 밑변을 두는 삼각문의 내부에 평행집선문이 충전되지 않았다. 문양부의 중·내구와 맞닿은 쪽으로 밑변을 두는 삼각문 내부의 집선 시문방향은 단위 문양 a2-1의 것과 동일하다. 단위 문양 a4-2는 삼각문의 긴 변이 이중선 형태를 이룬다. 단위 문양 a4-3은 a4-1에서 중·내구와 맞닿은 쪽으로 밑변을 두는 삼각문 내부의 집선방향이 단위 문양 a1-2의 것과 동일한 것으로 전북 김제 서정동 다뉴경에서 유일하게 확인된다.

2) 단위 문양 b류

외구의 구획대 문양과 중구의 보조문양으로 어골문 b1, 사격자문 b2, 동심원문 b3, 눈금자문[4] b4, 평행선문 b5가 있다. 중구의 주문양대로서는 외구나 내구의 단위 문양을 차용한다. 외구와 내구의 문양은 상호 교환되는 법이 없지만, 외구 구획대에 내구와 중구의 단위 문양이 차용되는 예가 다수 있다.

---

4) 눈금자문의 명칭은 다음의 논문에 근거한다. 김성명, 「정문경의 문양구성과 변천」, 『동원학술논문집』 15집, 2014.

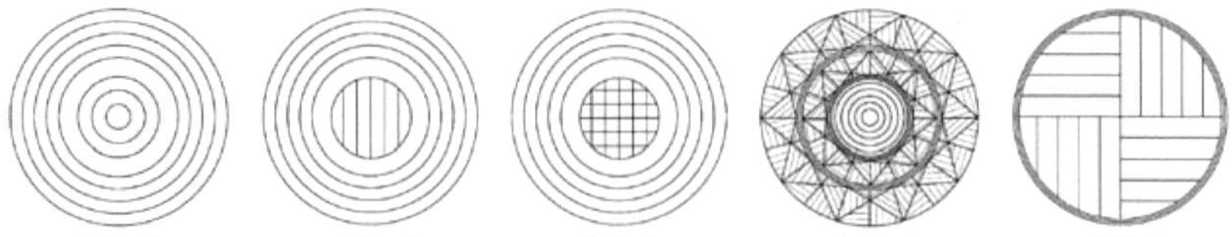

그림 5-5 정지은의 단위 문양 b3류 도식화

b3 동심원문의 경우 일본 요시다케다카기 3호 출토경을 제외하면 모두 외구에서만 확인되었다. 단위 문양 b3-1은 동심원으로만 이루어진 형태로 원문의 가장 기본 형태라 할 수 있다. 단위 문양 b3-2와 b3-3은 동심원문 한가운데에 각각 평행선문과 격자문으로 충전된 소형 원문이 시문되었다. 단위 문양 b3-4는 원의 안쪽에 여러 개의 동심원이 조성되고 동심원 사이를 돌아가며 사각집선문이 시문되어 화려한 태양의 빛살을 연상케 한다. b3-5는 원 내부를 직교하는 두 선분으로 4등분하여 각 구역마다 평행선문을 서로 직교하는 방향으로 충전한 것이다(그림 5-5). 단위 문양 b3 동심원문이 사용된 세문경은 총 70점 중 8점이며, 이 중 충남 당진 소소리 1경, 충남 논산 국보경, 전북 완주 신풍 가35호 출토경 3점에 b3-1이 수용되었다. b3-2는 영암 1경, 전북 완주 신풍 나21호 출토경 등 2점, b3-3과 b3-4, b3-5는 전남 화순 대곡리 1경, 전북 완주 신풍 나1호 출토경, 일본 후쿠오카(福岡) 요시다케다카기(吉武高木) 3호 출토경 각 1점에 채택되었을 뿐이다.

3) 단위 문양 C류(그림 5-6)

내구의 단위 문양은 기본적으로 사각형으로서 그 내부를 여러 개의 대각선으로 구획함에 따라서 각각 다른 문양으로 나타난다. 우선 사

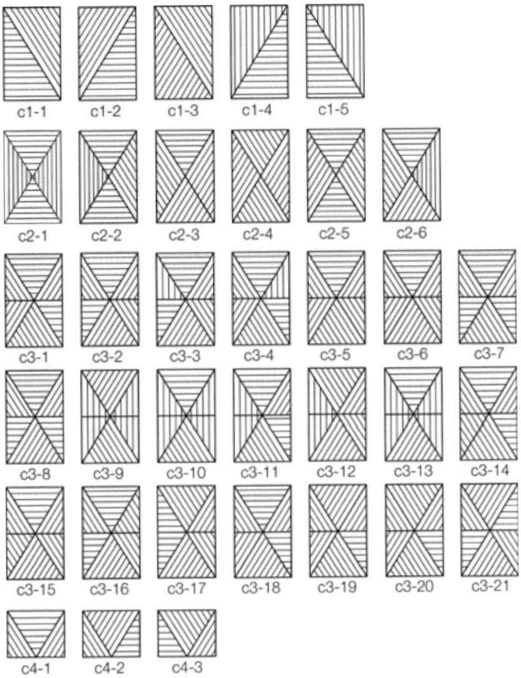

그림 5-6 정지은의 단위 문양 c류 도식화

각형을 하나의 대각선으로 구획한 c1, 두 개의 대각선을 X자형으로 구획한 c2, 이를 다시 대각선 교차점에서 가로선으로 추가 구획한 c3, 이를 또다시 가로선 방향으로 반분하여 만든 c4의 단위 문양이 있다. 이러한 단위 문양의 C류는 외 중 내구별 단위 문양의 조합을 살피면 일정한 경향성을 보여준다.

단위 문양 c1류는 2개의 분면에 시문된 집선의 방향에 따라 5개의 형태가 추출된다. 이 중 단위 문양 c1-1과 c1-2는 서로 좌우 대칭하는 형태이며 c1류 중에 가장 많은 숫자가 확인되었다. 단위 문양 c1-3은 함평 초포리 유적 출토 1경, c1-4는 전주 원장동 출토 1경과 완주 신풍 나-23호 출토경, 완주 갈동 7호 출토경 등, 그리고 c1-5는 김제 백산경에서 확인되었다.

단위 문양 c2류는 사각문을 2개의 대각선으로 구획한 것이며 4개의 분면에 시문된 집선의 방향에 따라 6개의 형태가 확인되었다. 확인된 거울 수가 6점에 불과하며 그 중 c2-4, c2-5, c2-6은 모두 화순 대곡리 2경에서만 확인된 단위 문양이다.

단위 문양 c3류는 외구를 장식하거나 외구와 중구, 중구와 내구, 혹은 외구와 내구를 구분하는 구획선의 형태로 사용되기도 한다. 세문경에서 쓰이는 모든 단위 문양을 통틀어서 가장 다양한 형태를 갖고 있는데, 6분면에 시문된 평행집선의 각기 다른 방향에 따라 총 21개의 형태가 확인되었다. 이 중 c3-1과 c3-2는 좌우가 대칭된 형태이며 c3류 중에서 가장 많은 세문경에서 확인된 단위 문양이다.

단위 문양 c4류는 단위 문양 c3-1 혹은 c3-2을 반절(半折)한 것으로 3개의 형태만이 확인되며, 이를 사용한 세문경은 화순 대곡리, 청원 주성리, 사가 우키군덴 3점에 불과하다.

3. 세문경의 계통과 상호관계

앞서도 지적하였듯이 세문경의 제작 과정은 원료 취득에서부터 합금과 주조는 물론이거니와 문양 시문 과정에서 고도의 기술 능력을 필요로 한다. 특히 콤파스와 직선자를 활용하여 고운 세선으로 거울 뒷면의 문양을 시문하는 기술은 단순 모방으로 불가능하다. 하나의 세문경을 완성하는 데 필요한 기술은 엄격한 장인 도제 시스템에 의해서 장기간 지속적이고도 조직적으로 전수되지 않으면 않되는 노하

우인 것이다.

세문경은 기본적으로 뒷면의 문양을 제외하고는 형식을 구분할 수 가 없다. 바꾸어 말하면 거울 뒷면의 문양을 통해서 세문경은 형식의 차이를 보여주고 나아가 그 제작 집단의 정체성을 드러낼 수 있는 것이다. 거울 뒷면에 장식된 문양을 거푸집에 새기는 작업은 장인 집단의 손에 의해서 이루어진다. 문양대를 어떻게 구획하고, 어떠한 단위 문양을 채택하는지 결정하는 것 또한 장인의 일이라고 추정된다. 다뉴경을 제작 의뢰하고 소유하는 사람은 제작자를 후원한 별도의 실력자이지만, 그가 문양의 세부 디자인을 별도로 주문하기를 어려울 것이다.

그러한 다뉴경 제품이 다수의 공인 기술자에 의해서 쉽게 대량으로 제작된 것이라고 보기 어려운 것은 물론이다. 따라서 한반도와 일본열도 전역에 걸쳐 발견되는 다뉴경의 상당수가 소수의 공인 집단에 의해 제작되어 보급되었을 가능성이 높다. 그 제작지는 발견되는 수량과 형식으로 보아 한반도 서부의 몇몇 거점에서 생산되어 유통된 것으로 추정된다.

세문경의 하위 형식 혹은 계통을 결정하는 것은 외구 문양이지만, 형식간의 상호 교류와 시간적 변천 과정을 설명할 수 있는 근거는 내구 문양이다. 내구에 장식된 단위 문양은 그 기본형이 사각집선문으로서, 사각형 내부에 구획을 어떻게 하느냐에 따라 별개의 단위 문양으로 구분된다. 앞서 단위 문양의 분류와 관련하여 소개한 우노(宇野隆夫)는 사각형의 내부를 2개의 대각선과 1개의 가로선으로 구획하여 6개의 작은 삼각집선문을 만든 단위 문양 d1, 이를 반분하여 3개의 삼각집선문을 만든 단위 문양 d2, 이를 또다시 반분하여 2개의 삼각집선문을 만든 단위 문양 d3을 추출하고 d1-d2-d3의 순으로 발전하는 것으로 설명한 바 있다. 한편 미야자토(宮里修)는 단위 문양 d3은 B3, B5식의 내구 평행삼각문에서 유래하였다고 보아, 독자적으로 등장하였다고 보기도 한다.

필자는 원래 내구 자체의 구획 과정에서 생성된 것으로 보는 관점에서 단위 문양을 설정 명명하였는 바, 그 논리적 선후 관계도 그와 같다.[5] 우선 일정한 간격으로 가로와 세로의 평행선을 그은 다음 교차점을 한 방향의 사선으로 이을 경우 사각형 내에 2개의 작은 삼각집선문이 있는 단위 문양 c1이 생성된다. 또다른 교차점을 사선으로 이을 경우 4개의 삼각문이 만들어진 단위 문양 c2가 생성된다. 그리고 앞서의 2개의 구획선의 교차점을 찾아 가로선으로 한줄 추가하여 연결할 경우 6개의 삼각문이 있는 단위 문양 c3가 형성되는 것이다. 그리고 이를 다시 반분하면 3개의 삼각문이 만들어진 단위 문양 c4가 생성되는 바(그림 5-8), 이러한 과정을 주목한다면 우노의 주장과는 정반대의 c1-c2-c3-c4 순서로 내구 단위 문양이 등장한 것으로 볼 수

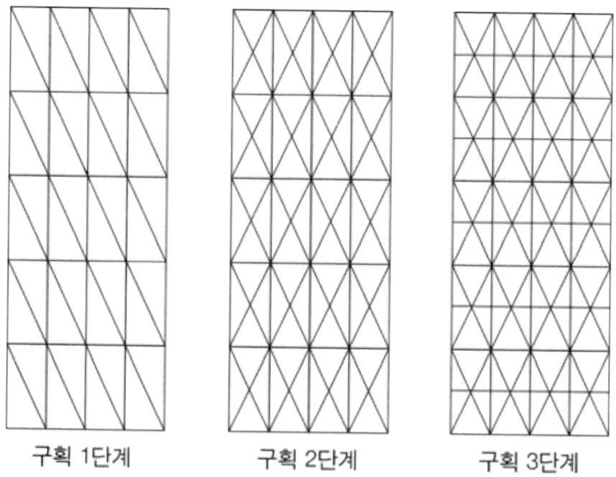

그림 5-8 세문경 내구의 단위 문양 구획 단계

5) 같은 순서의 구획 과정에 대한 의견이 제시된 바 있지만, 이는 중구 문양대

있다(그림 5-8).[6)]

하위 형식간의 선후 관계에 대해서는 문양대 혹은 단위 문양 형태의 진화 순서를 근거로 여러 연구자들이 설명하여 왔다. 문양대의 구성에서 단순에서 복잡으로의 진화 과정을 그 변화의 순서로 설명한다면, 외구에 구획대가 시문되고, 구획대의 문양으로 사각집선문에서 동심원문이 시문되는 것, 그리고 중구 혹은 간구에 장식 문양대가 없는 것에서 있는 것으로 변화가 진행된다고 설명할 수 있다. 한편으로는 단순-복잡이 그 역순일 수도 있거나, 동시에 시문된 것으로 각기 다른 계열일 가능성을 부정하기도 어렵다.

실제로 여러 연구자들이 다뉴경이 보급되는 세형동검 시기에 철기가 공반하는 형식의 거울이 그렇지 않은 예보다 늦다고 판단한다. 그렇게 될 경우 복잡한 다뉴경 형식이 단순한 사례보다 이르다고 판정할 수 있는 바, 화순 대곡리 거울이 남양리 거울보다 이르다고 판정하는 경우가 그 대표적인 예이다.

그러나 동경은 물론 공반되는 다른 종류의 청동기의 형식 자체에 시간적 선후 관계를 인정할만한 증거는 없다. 따라서 여기서는 문양의 형태와 그 조합에 따른 거울의 형식에 충실하여 그 변천 과정과 상호관계를 살펴보고자 한다. 우선 단위 문양 조합 관계를 각 중하위 형식별로 살펴보면 다음 〈표 5-1〉과 같다.

에 대한 것이었다.

岩永省三, 「多鈕細文鏡再考」, 『文化財論叢-奈良囗立文化財硏究所創立30周年記念論文集』 1983.

6) 문제는 단위 문양 Ⓒ의 유래가 원리적으로 그렇다고 하더라도 실제 각 다뉴경에 시문되는 단위 문양은 구획의 결과로서 얻어지는 것이 아니라는 점을 유의하여야 한다.

표 5-1 단위 문양 조합 관계

번호	지역	유 적	형식	단위 문양			직경	꼭지
				외구	중구	내구		
1	b2	全北 全州 원장동 1	C?		c3	c3	18.5	
2	b3	全南 靈巖 鎔范	C?				8.3	
3	b3	제주 예래동	C?					
4	c2	長野 佐口 社宮司	C?				10	
5	a5	沿海州 슈코토보에	C1a				18	
6	b2	忠南 禮山 東西里 5鏡	C1a				7	
7	b2	忠南 扶餘 九鳳里 2鏡	C1b				10.8	
8	b2	忠南 禮山 東西里 4鏡	C1c				9.5	
9	b3	全南 靈巖 3 (傳, 小倉)	C2?				22	
10	c1	壹岐 原の辻	C2?					
11	b5	江原 原州 1鏡 (傳)	C2a	a1	a1b5	c2	14.2	
12	b6	慶南 泗川 月城洞	C2a	a1	c1	c1	12	
13	b6	慶南 (傳,小倉所藏)	C2a	a1		c1	14.1	
14	b2	忠南 論山 院北里 나6	C2a?	?				
15	b?	南韓(傳,鄭武黙所藏)	C2b	a1c3	b2c3	c3	15.7	
16	b1	平南 大同 反川里 1鏡	C2b	a1b1c3	a1b5c1	c3	13.3	
17	b1	平壤 2 (傳)	C2b	a1b1c3	b2b4b5c3	c3	13	
18	b2	全北 完州 德洞 D-1	C2b	a1?	b2b4b5	?	17.5	
19	b2	忠北 清原 主城里	C2b	a1b1c1	b5	c4?	8.8	
20	b3	全南 和順 大谷里 1鏡	C2b	a1b1c2c3c4	a1b4b5	c3	18	
21	b3	全南 靈巖 2 (崇實大)	C2b	a1c1	a1b2b5	c3	12.6	
22	b3	全南 咸平 草浦里 1鏡	C2b	a1b1c3	b2b4b5c1c3	c1	17.8	
23	b5	江原 原州 2鏡 (傳)	C2b	a1c3	b2c3	c3	14.5	
24	c1	佐賀 唐津 宇木汲田	C2b	a1c3	b5	c4	10.3	
25	c1	佐賀 佐賀 本村籠	C2b	a1b2c3	b5c1	c3	10.5	
26	c2	大阪 柏原 大縣	C2b	a1b1c3	a1b2b4b5	c3	21.7	
27	b2	全北 金堤 서정동	C2b?	a4?	c3	c3	9.4	
28	b2	忠南 唐津 素素里 1鏡	C2c	a1b1b3c3	a2b2b4b5c1	c1	16.8	
29	b2	충남 論山 (傳, 國寶)	C2c	a1b1b3c3	b2b4b5c3	c3	21.2	

번호	지역	유 적	형식	단위 문양			직경	꼭지
				외구	중구	내구		
30	b2	全北 完州 新豊 가-35	C2c	a1b3c2	a1b2b4b5c1	a2c2	18.1	
31	b2	全北 完州 新豊 나-1	C2c	a1b1b3c3	b2b4b5c3	c3	20.6	
32	b2	全北 完州 新豊 나-21	C2c	a1b3c1c3	c1c3	?	15.6	
33	b3	全南 和順 大谷里 1鏡	C2c	a1b2b3c1	b2b5b3c1	c4	14.4	
34	b3	全南 靈巖 1(傳,崇實大)	C2c	a1c1c3	b2b4b5c1c3	c1	13.3	
35	b2	忠南 唐津 素素里 2鏡	C3a	a2	c1	?	9.5	
36	b2	全北 完州 葛洞 1	C3a	a2	c1	c1	14.6	
37	b2	全北 完州 新豊 가-31	C3a	a2	c1	c1	14.5	
38	b2	全北 完州 新豊 가-43	C3a	a2	c1	c1	16	
39	b2	全北 金堤 백산	C3a	a2		c1	13.9	
40	b2	全北 全州 萬成洞	C3a	a2	c1	c1	15.7	
41	b5	江原 襄陽 釘岩里	C3a	a2	c1	c1	14.3	
42	b5	江原 橫城 講林里	C3a	a2	c1	c1	16.2	
43	b6	慶北 慶州 入室里	C3a	a2	c1	?	13.3	
44	c1	佐賀 增田	C3a	a2	c1	?	9	
45	c1	福岡 小郡 若山3區 1鏡	C3a	a2	c1		15.3	
46	c2	奈良 御所 名柄	C3a	a2	c1	c1	15.6	
47	b2	全北 全州 孝子洞	C3b	a2	c1		20	
48	b2	全北 全州 원장동 2	C3b	a2?	c1	c1	7.9	
49	b3	全南 咸平 草浦里 2鏡	C3b	a3	c1		15.6	
50	c1	福岡 小郡 若山3區 2鏡	C3b	a3	c1		16	
51	b2	全北 完州 新豊 가-2	C4a	a3	c1	?	19.3	
52	b3	全南 咸平 草浦里 3鏡	C4a	a3	b4		9.7	3뉴
53	b4	咸南 金野 龍山里	C4a	a3			8.7	3뉴
54	b4	咸南 咸興 梨花洞	C4a	a3			8	3뉴
55	b2	全北 長水 南陽里 1號	C4b	a3		c1	10.5	
56	b2	全北 長水 南陽里 2號	C4b	a3		c1	9.7	3뉴
57	b3	全南 和順 白巖里	C4b	a3	b5	c1	9.3	
58	c1	山口 下關 梶栗濱	C4b	a3		c1	8.8	
59	b2	忠南 牙山 宮坪里	C4c	a3	b5c3	c1	9.8	
60	b2	忠南 扶餘 合松里	C4c	a3		c1	10.7	

번호	지역	유 적	형식	단위 문양			직경	꼭지
				외구	중구	내구		
61	b2	忠南 論山 院北里 다1	C4c	a3	a3	c2	8.5	3뉴
62	b2	全北 完州 新豊 나-23	C4c	a3	c1	c1	9.6	3뉴
63	b2	忠南 論山 院北里 나1	c5a	a4b1		c1	8.5	3뉴
64	c1	長岐 里田原	C5a	a4		c1	8.9	3뉴
65	b1	平南 大同 反川里 2鏡	C5b	a4	a4b5c3	c3	10.5	
66	b1	黃海 鳳山 松山里	C5b	a4	a1b2b4b5	c3	13.8	
67	c1	福岡 福岡 吉武高木 3號	C5b	a4	b3c3	c3	11.1	
68	b1	黃海 新川 龍山里	C5c	a4	a1	c3	9.7	
69	b2	全北 完州 葛洞 2	C5c	a4	a4c1	c3	9.2	3뉴
70	b6	慶北 慶州 朝陽洞 5號	CM				5.3	

세문경 중위 형식별로 단위 문양의 상호 계승과 융합의 관계를 살펴보면 우선 C2식의 경우 외구에 시문된 대합삼각문 a1은 B6식의 전통을 따르고 있을 뿐만 아니라, 중구에도 a1의 외구문양이 시문된 방식은 영락없이 B6식의 그것과 같다. 중구와 외구 구획대에 동원되는 사격자문(斜格子文), 엽맥문(葉脈文)의 단위 문양은 B2식에서 유래되었다고 볼 수 있다. 이러한 C2식의 a1문양은 B형 조세문경의 전통을 승계하였다고 이해되지만, 문양 자체만으로 보면 멀리 중국 감숙성(甘肅省) 임하(臨夏)의 청동거울, 그리고 내몽고 소흑석구의 도끼 등에서 비슷한 예를 확인할 수 있어, 외부로부터의 간접적인 영향이 전혀 없다고 보기 어렵다.

한반도 동부 지역은 C형 세문경이 자체 제작되었다고 보기 어려운 주변 지역이지만, 이 지역에서 발견되는 단순한 C2a식경이 배면 문양의 구성이나 단위 문양의 변천 과정으로 볼 때 C형 세문경 중 비교적 이른 것일 가능성이 있으나, 공반 유물이 없어 확실하지 않다.

C2식과 관련해서 또한 주목되는 것은 C2a식을 제외하고는 내구와

중구, 그리고 외구의 구획대에 다수의 단위 문양을 시문한 C2b, C2c 식이 많다는 사실이다. C3식 전부가 외구, 중구, 내구 별로 각 1개, 도합 3개 미만의 단위 문양을 시문한 것과는 대조적으로 외구와 중구에 각 3-4개, 모두 6-8개의 단위 문양이 복합된 것이다.

그리고 동 중위 형식이 다른 형식보다 가장 너른 지역에 분포하는 사실도 주목된다. 그중에서 동심원 구획대를 갖고 가장 많은 단위 문양으로 구성된 C2c식이 한반도 서부 충남 전북과 전남 지역에 집중되는 데 비해서 가장 단순한 C2a식은 한반도 동부에 분포하는 사실 또한 주목된다.

이러한 사실을 종합할 때 앞서도 지적하였듯이 C2식은 B형 조세문경의 여러 형식이 제작 보급된 한반도 서부의 충남 전북을 중심 지역으로 하여 B형의 단위 문양 전통을 승계 발전한 것으로 추정된다. 전남 지역으로 가면서 더욱 발전한 형식으로서 제작 보급되고, 나아가 일본 열도에까지 유통되는 것이다.

C3식에서는 일단 B형과 직접적으로 연결되는 단위 문양이 확인되지 않는 바, 이는 이미 세문경 자체의 완성된 문양을 선택하였기 때문인 것으로 풀이된다. 또한 C2식과는 대조적으로 외구는 물론 중구, 내구에 하나의 단위 문양, 즉 외구에는 a2, 중구와 내구에는 c1 문양만 선택한 것이 특징적이다. 또한 C3a식 자체 내에서 중구의 문양대 숫자와 폭을 늘이면서, 급기야는 내구가 생략되면서 C3b식으로 발전하는 경향 또한 다른 형식의 C형 세문경과 차이가 난다.

그 분포도 넓어서 평남 황해 지역을 제외하고는 한반도, 일본 열도 거의 전역에 걸쳐 있으며, 그중에서도 상대적으로 충남 전북 지역과 일본 규슈(九州)에 더 많이 있는 편이다. 광역적으로 분포함에도 이처럼 C3식의 문양이 단순하고 동질적인 이유는 무엇일까. 이 형식에 단독으로 선택된 단위 문양 c1이 앞서 지적한 것처럼 우노의 주장과 달리 가장 이른 것으로 일정한 계통의 장인 집단에 의해 장기간 너른 지역에 제작 사용되었기 때문일 가능성이 많다.

C4식은 중구가 아예 없는 2구식이거나 원권대의 단위 문양 b5가 장식된 있는 유사 2구식이 대부분이다. C4a식 중에 B형 다뉴경 혹은 그와 공반하는 원개형동기(圓蓋形銅器)의 주문양을 내구의 문양으로 수용한 것을 제외하고는 대부분 단위 문양 c1을 채택하고 있다. 그 분포 범위 역시 평남 황해 지역을 제외하고 한반도 서부의 충남 전북과 전남 지역에 집중 분포하는 양상은 앞서 C2식과 유사하다.

이와는 대조적으로 C5식은 C2식과 마찬가지로 단위 문양 c3만을 내구의 문양으로 수용한다. 중구에 여러개의 단위 문양을 시문한 것 또한 C2식과 유사한 경향을 보여준다. 요시다케다카키의 예처럼 C2식의 동심원문과 방형의 구획대를 가진 외구 문양을 고스란히 중구에 차용하기도 한다.

외구 문양의 차이에도 불구하고 내구와 중구에서 보이는 2개의 중위 형식간의 이러한 상사성은 우연이라고 보기 어렵다. 단위 문양 c1, c3 어느 하나를 내구의 문양으로 통일하는 두 개의 중위 형식간에 공통되는 현상은 동일한 문양 기법 원리를 공유한 장인 집단에 의한 것이라고 볼 수밖에 없다.

한편 절대 연대를 별도로 하고 그 도상학적인 선후 관계만을 따져 내구의 단위 문양이 c1-c2-c3-c4의 순서로 진행하였다고 전제하여 세문경 형식의 선후 관계를 정리하면 다음 〈표 5-2〉에서 보는 것처럼 4단계로 구분할 수 있다.

표 5-2 다뉴경 세문경 형식간의 선후 관계

단계	CI	CIV	CIII	CII	CV	c문양
1	C1a/ C1b					
2		C4a				
3		C4b/C4c	C3a/C3b	C2a		c1/c2
4				C2b/C2c	C5a/C5b	c3/c4

우선 단위 문양 c1이 출현하기 이전의 단계, c1 · c2가 보급된 단계, 그리고 c3 · c4가 보급된 단계로 구분할 수 있다. 그중에서 전기는 다시 전형적인 세문경 속성을 갖추지 못하기 이전과 이후 각각 2단계로 구분할 수 있다. 중기는 c1을 위주로 하되 c2가 일부 조합되는 단계, 그리고 후기는 c3을 위주로 하되 c4가 보급되면서 구획문과 동심원문이 추가되는 단계이다. 이를 구체적으로 살펴보면 다음과 같다.

우선 c1류가 출현하기 이전의 1단계는 부여 구봉리의 경우처럼 꼭지도 전형적인 모양을 갖추고 있지 않으면서 내구에 방사상으로 삼각집선문을 크게 장식한 C1식이 해당된다. 2단계에는 함남 용산리와 이화동의 거울처럼 C4식으로서 방사상 혹은 십자상으로 구획하고, 각각의 구간에 평행집선문을 장식한 것이다.

내구에 단위 문양으로서 c1류가 등장하는 것은 3단계로서 C2, C3, C4식 중 이른 하위 형식에서 그 사례가 확인된다. C2a식으로 전 경남과 사천 월성동, 전 원주, C3a식으로 완주 갈동, 양양 정림리와 횡성 강림리, C4b식으로 장수 남양리, 화순 백암리, 일본 가지구리야마, C4c식으로 아산 궁평리, 부여 합송리 등이 있다.

다음 4단계에는 내구 단위 문양에 C3문양이 주종을 이루면서 일부 동경에는 구획문과 동심원문도 시문되는 사례가 제작 보급된다. C2b

식으로 우키군덴, C2c식으로 화순 대곡리, 당진 소소리, 전 논산 등의 사례, C5a식으로 봉산 송산리, C5b식으로 완주 갈동의 사례가 있다.

한편 문양과 디자인상으로 구분된 앞서의 4단계가 그대로 절대 연대에 대응된다면 대체로 앞서 추정한 것처럼 기원전 250년에서 100년 이르는 세문경의 존속 기간 150년을 환산하면 1단계가 30-40년 내외가 되는 셈이 된다. 그러나 이처럼 기계적으로 각 단계가 동등한 연대의 폭을 갖고 있다든가 그 선후 관계가 절대 연대상으로 따져도 동일하다고 보기 어렵다. 단계별로 시간 폭이 길고 짧을 수 있을 뿐만 아니라, 같은 기간 내에 중첩될 수도 있다.

무엇보다도 동경의 제작 시점과 사용 기간이 각기 다를 뿐만 아니라, 각기 다른 시점에 제작되었더라도 무덤에 부장되는 시점이 같을 수 있다. 심지어는 제작 시점이 수십년 이상의 차이가 있어 각기 다른 단계에 속하더라도, 보유 혹은 전세 기간이 길어 부장 시점은 같은 단계일 수도 있음을 주의해야 한다. 특히 다뉴경처럼 위세품적 성격이 강할 경우 더욱 그러하다.

이러한 사실을 고려하여 각 형식의 세문경이 절대 연대상으로 어떠한지를 밝히기 위해서는 우선 그 공반 관계를 설명해야 한다. 각기 다른 형식의 세문경이 복수로 공반하는 사례로는 함평 초포리, 화순 대곡리, 부여 합송리, 완주 원장동 등의 목관묘 유적이 있다. 우선 함평 초포리의 경우 C2b, C3b, C4a식 3점이 있다. 앞서 설명한 바 따르면 각각 다른 2단계, 3단계, 4단계에 속한다. 앞서 설정한 단계에 문제가 없다고 한다면 각 제작 기간은 이렇게 달라도 전세 기간이 수세대 걸쳐 있다는 셈이 된다.

화순 대곡리의 경우 C2b식과 C2c식이 공반되는 바, 같은 4단계에 속한다. 이 역시 1단계의 전세 기간의 차이를 상정할 수 있다. 당진 소소리의 경우 C2c식, C3a식이 공반되는데, 각각 3단계와 4단계로서 이 역시 전세기간에 큰 차이가 있을 가능성이 있다. 완주 원장동에서는 외구가 없이 중내구에 c3 단위 문양이 장식된 C형 1점과 외구가 앞서 전형적인 형식의 사례에 포함되지 않는 c1 일색의 C3b식 1점이 공반되었는 바, 대체로 4단계에 속하는 것으로 추정된다.

물론 형식이 같아 동일 단계에 제작되고 묻힌 것이 분명한 사례도 있다. 동일한 C3b식의 거울이 복수 매납된 일본 후쿠오카(福崗) 오고리(小郡)의 사례가 바로 그것이다. 거울이 매납된 사례는 매우 드문데, 그러한 드문 매납 유적에서 동일한 형식의 거울이 공반되었다.

제6장
다뉴경 부장묘와 공반 유물

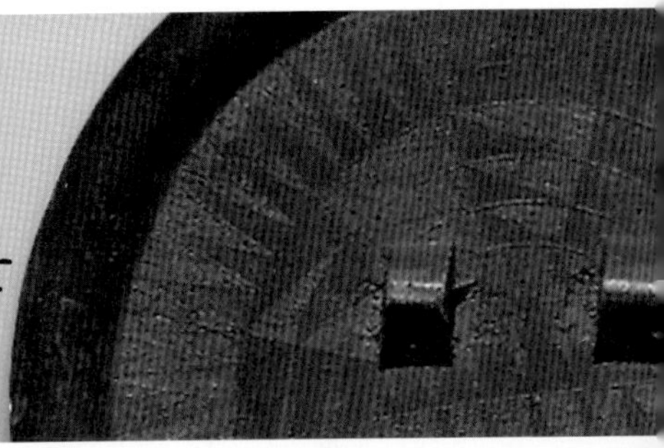

1. 출토 상황과 상징적 의미

1) 출토 상황

다뉴경은 그 대부분 무덤에서 출토한다. 무덤에 넣는 방식은 일정하지 않는데, 완전한 상태로 넣는 것이 일반적이지만, 의외로 파손한 상태로 넣는 사례도 다수가 확인된다. 발굴 조사를 통해서 그 출토 상태가 제대로 보고된 사례는 일본에서 6례, 한반도에서 7례, 그리고 중국 동북 지역에 2례가 있다. 이들 사례를 완형경과 부분경, 혹은 파경 등의 부장 방식과 관련하여 A형 조문경, B형 조세문경, C형 세문경 등의 형식별로 살피면 다음과 같다.

우선 완형경의 경우 조문경이 부장된 심양 정가와자 6512호묘의 사례가 주목된다. 이 무덤은 목곽 내에 목관이 안치된 것으로 인골은 물론 부장된 청동 유물의 양과 종류가 최대급이기도 하지만, 그 부장 위치가 확인된 점에서 다른 동경 부장묘와 비교가 된다.

목곽 내부이지만 목관 둘레로 상당량의 청동기가 부장되어 있었는데, A형 조문경은 서쪽방향으로 놓인 머리쪽으로 완형으로 부장되어

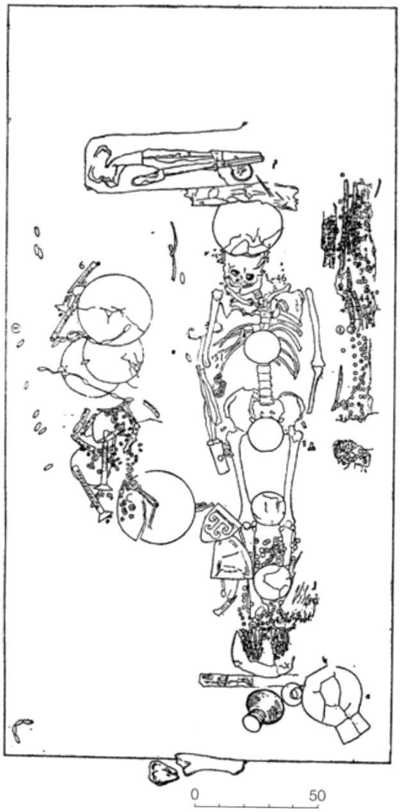

그림 6-1 심양 정가와자 거울 부장묘

있었다. 거울 위로 두점의 동검이 가로방향으로 포개 별도로 매납되어 있었다.

목관내에 인골이 매장된 상태로 완전하게 확인되었는 바, 동검 1점이 오른 쪽 허리 부위에 놓여 있었고, 인골 위에는 일정한 간격으로 거울 모양 동기 6매가 덮혀 있었다. 거울 모양 동기는 앞면이 볼록하고 무늬가 없는 것으로, 직경 28cm의 대형 2점은 각각 머리와 다리, 직경 15cm의 중형 4점은 각각 가슴, 엉덩이, 무릎, 정강이에 놓여 있었다(그림 6-1).

시신의 왼쪽으로는 화살통과 화살촉 300여 점, 오른쪽으로 나팔형동기 4점과 재갈 등의 마구와 함께 원형식 4점, 앞면이 볼록한 거울 모양 동기로서 직경 31.8cm의 대형 2점, 27.4cm의 중형이 2점, 15cm의 소형이 4점, 모두 8점이 놓여 있었다. 그리고 발치 쪽 목관 바깥으로는 흑도장경호 3점이 매납되어 있었다.

다뉴기하학문경은 확인되지 않았지만 조양 십이대영자 1호묘에서는 남녀 2인이 안치된 목관묘에 남자의 머리와 발에 20cm 직경에 볼록한 거울 모양 동기 각 1점씩 안치되어 있어 앞서 정가와자의 사례와 비교가 된다.

B형 조세문경이 출토된 완주 덕동의 경우 G-2 지점에서 거울이 목관 위에 파편으로 뿌려진 상태로 확인되었다. 파편 전체를 복원해도 거울의 반을 약간 넘는 정도로서 같이 나오는 동검파편 또한 합쳐도 전체의 4분의 1도 못된다.

익산 오룡리의 경우 목관묘 장벽 안쪽 경계 부위에 북쪽으로 치우쳐 B형 다뉴경이 그 위에 동검과 겹쳐진 상태로 부장되어 있었다. 거울 뒷면이 위로 놓인 상태로 부장된 거울은 상당 부분이 결실되었는데, 원래는 완형경일 가능성을 배제 못한다. 흑도장경호와 점토대발형토기는 목관 남쪽 끄트머리 상단에서 확인된 사실로 미루어 동경은 주인공 왼팔 쪽에 놓인 것으로 추정된다.

C형 세문경이 부장된 함평 초포리 목관묘의 사례를 통해서 거울 여러점의 부장상태를 잘 알 수 있다. 목관 내부에 식옥 2점이 주인공 머리 쪽에 놓여 있었고, 오른쪽 허리와 다리쪽, 그리고 발쪽에 각 1점씩 모두 3점의 다뉴경이 일렬로 부장되어 있었다. 허리쪽에는 봉부 끝을 머리쪽으로 놓은 동검에 포개진 상태로 소형경, 다리쪽에는 역시 동검에 포개진 중형경이 놓여 있었으며, 다리 끄트머리에는 대형경 1점만 단독으로 부장되어 있었다. 이미 주민에 의해 상당수 청동기가 수습된 이후에 조사되어서 나머지 청동기는 그 정확한 위치를 알기 어렵다. 대형 동경만 거울면을 위로 한 상태이었고, 나머지는 뒷면이 위로 향하고 있었다(그림 6-2).

논산 원북리의 나 1호 목관묘에서는 단벽 쪽에 치우쳐 C형 세문경 1점이 유견동부 1점과 거의 포개진 상태로 확인되었다. 거울 뒷면이 위로 향하고 있었는 바, 이것은 앞서 함평 초포리 목관묘에서 동검에 포개진 거울의 출토 상태와 같다. 바로 위로 흑색마연단지가 놓였는데,

주인공 머리에서 어느 정도 떨어진 위치에 매납한 것으로 추정된다.

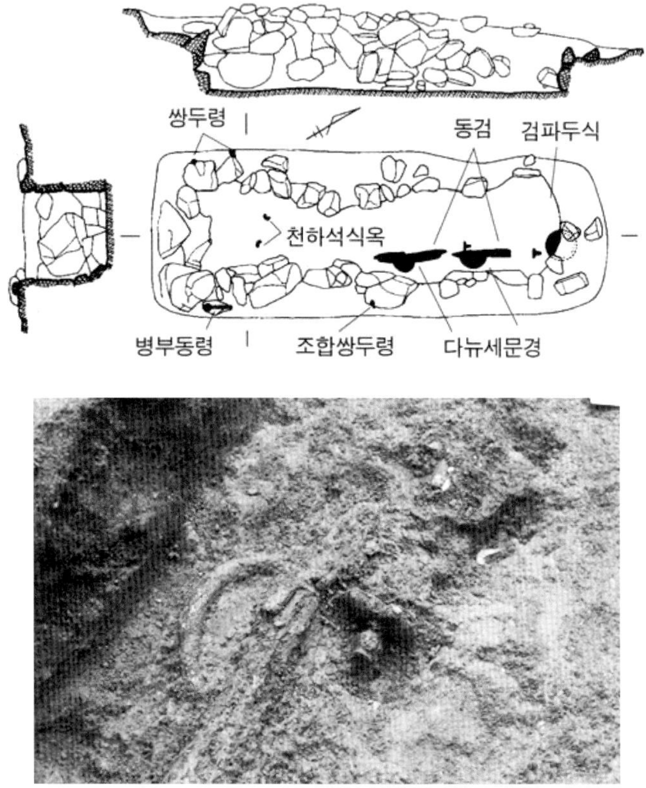

그림 6-2 함평 초포리 다뉴경 부장묘 (이건무외 1988)

완주 갈동에서는 C형 세문경이 완형으로 부장된 사례가 5호와 7호 목관묘에서 확인되었다. 두 사례 다 다른 청동기와 공반되지 않고 단독으로 단벽 한쪽에 치우쳐 거울면을 위로 하고 놓여 있어서, 앞서 초포리와 원북리 사례와 다르다. 밑바닥에서 다소 떨어진 상부에 놓인 상태로 보아 원래 주인공의 얼굴 위에 놓았던 것으로 추정된다.

청원 주성리의 경우 동서장축방향으로 놓여진 목관묘에서 C형 세문경은 서쪽 끄트머리에서 발견되었다. 거울은 깨진 채로 놓여 있었는데, 동사가 포개져 있었으며, 그 위에 놓인 흑도 장경호는 원래 목관 위에 놓였다가 떨어진 것으로 추정된다.

전주 만성동의 경우 남북 장축 방향인 무덤에서 C형 세문경이 동검, 동사, 관옥, 흑도장경호 등과 함께 발견되었다. 동경은 이미 주민에 의해 수습되어 정확한 위치는 알 수 없으나, 보고자는 조사 정황으로 미루어 목관 위에 완형으로 놓여진 것으로 추정하고 있다. 동검은 목관 내 서쪽 가장자리에서 발견되고, 흑도장경호는 남쪽 끄트머리 목관 위에 매납되어 있었던 것이 확인되었다.

그림 6-3 완주 덕동 D-1 다뉴경 부장묘(전리문화유산연구원 2012)

완주 덕동 지구에서 D-1호의 다뉴경 부장묘가 있는데, 동검 1점, 점토대토기와 호형토기 총 4점의 토기와 함께 C형 세문경이 수십점으로 산산 조각난 상태로 목관 상부 전면에 걸쳐 뿌린 사실이 확인되었다(그림 6-3).

일본 요시다케다카키에서는 한반도에서처럼 목관묘유적에서 C형 세문경이 발견되었다. 목관의 북동쪽에 머리를 두고 주인공이 묻혔음이 관옥과 곡옥의 위치로 보아 미루어 짐작된다. 청동기로 동경 1점, 동검 2점, 동과 1점이 부장되었는데, 동경 1점과 동검 1점이 피장자의 오른쪽, 동과와 동검이 피장자의 왼쪽에 부장되어 있었다. 검과 과의 끝은 발치를 향하고 있었다. 동경은 검 위에 놓여 있었는데, 앞면을 위로 하고 깨어진 상태로 발견되었지만, 원래는 완형으로 부장된 것으로 추정된다. 그밖에 작은 단지가 머리 쪽 관 바깥에 놓여 있었다.

일본 사가현 우키군덴유적에서는 합구식의 12호 옹관묘에서 동검

그림 6-4 후쿠오카 요시다케다카키 다뉴경 출토 상태
(후쿠오카교육위원회 1986)

1점과 함께 C형 세문경이 발견되었다. 세문경은 파손된 상태로 발견되었지만 완형으로 복원될 수 있었으며, 거울 위에 동검이 포개져 있었다.

사가현 혼손모리 유적의 58호 합구식 옹관묘에서 동사 끝편과 관옥 다수와 함께 C형 세문경 1점이 확인되었다. 역시 거울 앞면을 위로 한 상태로 출토되었다. 한편 사가현 마츠다 유적의 경우 합구식 옹관에서 파손된 상태로 1점의 C형 세문경이 출토되었는데, 결실된 부분이 많아 부장당시에 파손되었을 가능성이 높다.

일본 나가사키 사도다바루 유적의 44C 지점에서 단옹식의 옹관 안에 작은 단지 1점과 함께 다뉴경이 발견되었다. 직경 8.9cm의 세 개 꼭지가 달린 C형 세문경이 옹관 중간 바닥면에 앞면을 위로 하고 출토되었다. 완형 복원이 가능한 거울이 파손된 상태로 발견되었는데 결실된 부분이 많아 원래부터 깨진 상태로 부장된 것으로 추정된다.

2) 상징적 의미

이와 같은 무덤의 출토 상황을 종합하면, 청동거울의 부장 방식은 크게 두 가지로 나누어 설명할 수 있다. 하나는 거울을 소유자의 신분을 과시하는 위세품으로 이해하고 부장한 경우와 다른 하나는 주술용으로 부장하는 경우이다. 전자의 경우 가능한 완전한 상태로 일정한 위치에 놓아두지만, 후자의 경우 깨트려 파편 상태로 흩뜨려 놓는 사례가 다수 있다.

또한 위세품으로 부장한 경우 동검이 대부분인 다른 청동기와 서로 포개어 놓는 경우가 많은데, 이는 거울이 종교적인 위세라면, 동검은 군사적 위세를 표현하기 때문인 것으로 이해된다.

대개의 경우 거울과 검 한 세트이지만, 세 개의 세트를 부장한 사례가 있는데, 함평 초포리 유적의 사례가 바로 그것이다. 세자루 동검에 세점의 동경을 각각 1세트로 위치를 조금씩 달리하면서 부장하였다. 심양 정가와자의 경우 2점의 동검과 1점의 거울을 포개어 부장한 것과 비교가 된다.

완전한 상태로 부장하지만, 앞서와 달리 신체의 일정한 부위에 올려 놓는 경우도 있는 것으로 보인다. 원래 목관 위에 올려 놓았지만 목관이 썩어 없어지면서, 내려 앉은 사례도 있다. 그러할 경우 다른 유물과 포갠 상태가 아니고 단독으로 놓이게 되는데, 거울면은 위로 향하고 있다. 이는 단순한 위세품이 아니라, 거울이 갖는 벽사적인 기능도 함께 고려된 것이 아닌가 생각된다.

주술품으로 거울을 파손시켜 부장하는 방식은 다시 두가지로 나누어 볼 수 있다. 하나는 깨트린 파편을 한 지점에 가지런히 놓는 경우와 다른 하나는 수십점의 작은 파편으로 일정 구역에 흩뜨리는 경우이다. 전자를 대표하는 사례가 전주 원장동이고, 후자는 전주 덕동 D-1호이다. 이러한 파경이 갖는 상징적 의미가 무엇인지 정확하게 알 수 없지만, 분명한 것은 부분경의 상징적인 의미가 완형경의 그것과 다를 수밖에 없을 뿐만 아니라, 깨뜨리는 행위, 그리고 깨트린 거울 파편을 뿌리는 행위가 갖는 상징적 의미가 별도로 더해진다는 사실이다.

위세품의 성격이라면 앞서 보듯 완형경으로 일정위치에 부장되겠지만, 위세품의 성격이 변질되어 주술적인 매체로 활용될 경우, 깨뜨리는 행위가 갖고 있는 의미가 중요시되는 것으로 이해된다. 이 경우 완형경과 같은 위세품으로서 평가할 수 없는 것은 당연하다.

이러한 완형경과 파경의 부장 상태 혹은 위세와 주술의 성격은 시기와 지역에 따라서 일정한 변화를 보여주는 사실이 주목된다. 우선 A형경은 15점이 보고되었는데, 전부 완형경으로 발견되었다. 그런데 B형경은 30여 점 보고되었는데, 그 중 상당수가 파경 상태로 전한다. 물론 원래는 완형경이었을 것이나, 수습하고 전하는 과정에 부분경 혹은 파경으로 전할 수 있다. 그러나 최근에 발굴 조사된 전주 원장동 등의 사례를 보면 부장 당시에 이미 부분 파경이었음이 확인된다.

파경 상태로 부장된 사실은 C형경의 경우 더욱 두드러진다. 실제 발굴된 사례로 완형경은 10여 점인데 비해서 파경은 7점이 된다. 그러니까 파경의 비율이 B, C식으로 갈수록 많아지는 셈이다. 따라서 그 성격이 위세품에서 후대로 가면서 점차 주술적 매체로서 변화된다고 지적할 수 있다.

한편으로 이러한 파경의 상태를 보여주는 것은 다음에 보는 것처럼 각종 청동기가 다량 부장된 최상급의 다뉴경 부장묘보다는 중 하위급 부장묘에서 확인된다. 발굴 조사를 통해서 그 부장 상태가 분명히 확인된 함평 초포리의 상위급 무덤의 사례를 보면 완형경으로 확인되었다. 일본 요시다케다카키 등의 사례에서 보듯이 상당수의 중위급 부장묘에서도 완형경 부장이 확인된다. 그러나 완주 신풍 등의 사례에서 보는 것처럼 상당한 숫자의 하위급 다뉴경 부장묘에서 파경의 부장 방식이 확인되는 것이다.

2. 공반 유물과 무덤의 등급화

무덤의 사회적 성격과 그 등급을 정하는데 일반적으로 검토의 대상이 되는 것은 무덤 시설과 부장 유물이다. 그런데 이 글에서 다루고 있는 다뉴경 부장묘의 경우는 무덤시설은 거의 대동소이하여 등급의 기준으로는 부장되는 청동 유물만이 문제가 되겠다.

다뉴경 부장묘에 부장되는 청동기는 다양한데 그 대표적인 것으로 무기, 공구, 마구(馬具), 이형동기(異形銅器), 동령구 등을 들 수 있다. 무기에는 검(劍), 모(鉾), 과(戈), 활촉(鏃), 공구에는 부(斧), 착(鑿), 사(鉇), 마구에는 마면(馬面), 함(銜), 표(鑣), 이형동기(異形銅器)[1]에는 나팔형동기, 방패형동기, 검파형동기(劍把形銅器) 그리고 동령구에는 팔주령(八珠鈴), 쌍두령(雙頭鈴), 조합식쌍두령(組合式雙頭鈴), 간두령(竿頭鈴) 등이 포함된다.

그중 가장 보편적으로 부장되는 것은 무기와 공구류로서 이중 한 종류만이 부장되는 무덤을 가장 낮은 등급으로 할 수 있다. 무기와 공구류를 모두 부장하는 경우는 그보다 한 등급 위, 그리고 마구, 이형동기, 동령구 등 어느 한 종류 이상을 추가부장하는 경우를 최상급으로 일단 분류할 수 있다. 한 종류의 청동기가 다량일 경우 상위급으로 조정될 수 있으나, 여기에서는 편의상 위의 기준을 일률적으로 적용하였다.

---

1) 이건무(李健茂)는 이형 동기 속에 방패형동기, 검파형동기, 나팔형동기 이외에 견갑형동기(肩胛形銅器), 원형유문동기(圓形有文銅器)는 물론 동령(銅鈴)까지도 포함시키고 있음이 필자와 차이가 난다. 이건무, 「한국 청동의기의 연구-이형동기를 중심으로」, 『한국고고학보』 28, 1992.

표 6-1 조문경 부장묘의 공반 유물

번호	유적	등급	동경	무기			공구			마구			기타
				검	모	촉	부	착	도	마면	함	표	
1	요령 건평 포수영자 881호	1	1	1	1	16	1	1	1	2			란령 2, 단추 43
2	요령 심양 정가와자 6512호	1	1	3			1	1			4	8	나팔형동기4
3	요령 건평 대랍한구 851	2	1	2			1		1				경형식 3
4	요령 본계 양가촌 1호	3	1	1									
5	평양 신성동	3	1	1									
6	요령 조양 십이대영자 3호	?	1					1					

이를 기준으로 하여 A, B, C형 동경 부장묘의 공반 유물에 대하여 등급별로 구체적으로 살펴보면 다음과 같다. 우선 A형 조문경의 부장묘 경우 총 5기로〈표 6-1〉 1등급은 검, 모, 활촉 등의 무기와 부, 착, 사 등의 공구 이외에도 표(鑣), 함(銜), 마면(馬面) 등의 마구(馬具)와 기타 장식품을 다량 부장하는 경우이다. 건평 포수영자와 심양 정가와자의 2기가 이에 속한다. 2등급은 무기와 공구만 공반 부장되는 경우로서 건평 대랍한구 851호의 예가 있다. 3등급은 거울 이외에 검만 부장한 경우로서 본계 양가촌과 평양 신성동의 예가 있다. 십이대영자 3호의 예는 심하게 훼손된 뒤 조사된 것으로 원래의 부장된 유물을 전부 확인하기 어렵다.

B형 조세문경의 경우는 총 10기의 무덤이 조사되었는데〈표 6-2〉, 우선 1등급의 최대 부장묘는 3기로서, 금강 유역에 위치한 아산 남성리, 예산 동서리, 대전 괴정동 등의 예가 있다. 이들 무덤에서는 부장

표 6-2 조세문경 부장묘의 공반 유물

번호	유적	등급	동경	무기			공구			이형 동기			기타
				검	모	과	부	착	사	방패	검파	라팔	
1	충남 아산 남성리	1	2	9			1	1		1	3		
2	충남 예산 동서리	1	5	8							3	2	원개동기1
3	대전 괴정동	1	2	1						1	3		원개동기1
4	길림 집안 오도령구문	2	1	1	3		5						철촉 2
5	연해주 이즈웨스토프코보에	2	2	1	2				1				
6	요령 관전 조가보	2	3	1	1								
7	길림 화전 서황산둔 2호	3	2	1									십자형 동기 1
8	전북 (전)	3	1	1									동기1
9	전북 익산 오룡리 5-2	3	1	1									
10	전북 완주 덕동 G-2	3	1	1									

된 동검의 숫자가 많을 뿐만 아니라, 무기, 공구 이외에 검파형동기, 방패형동기, 나팔형동기 등의 이형동기가 공반한다. 2등급의 예는 4기로서 관전 조가보, 집안 오도령구문, 연해주 이즈웨스토프코보에, 부여 연화리 등에서 보듯이 무기, 공구가 부장한 경우이다. 3등급은 길림 서황산둔, 익산 오룡리, 완주 덕동 등의 예가 있는데, 동경 이외에 동검만이 공반되거나 그마저 없는 경우가 이에 속한다.

표 6-3 세문경 부장묘의 공반 유물

번호	유 적	부장등급	동경	무 기			공 구			동령구				기 타
				검	모	과	부	착	사	팔주령	간두령	쌍두령	조합령	
1	전남 함평 초포리	1	3	4	2	3	1	2	1		2	1	1	병부동령1/ 동주식검 1
2	전남 화순 대곡리	1	2	5			1		1	2		2		
3	충남 부여 구봉리	2	2	11	1	2	2							
4	전북 전주 원장동1	2	2	5		1	1		1					관옥
5	충남 당진 소소리	2	2	1		1	(1)	(2)						
6	함남 함흥 이화동	2	1	2	2	1	(1)							
7	福岡 福岡 吉武高木	2	1	2	1	1								
8	황해 봉산 송산리	2	1	1			2 (1)	2	1					
9	전북 장수 남양리 2	2	1	1	1		(1)	1 (1)	1 (1)					
10	충남 부여 합송리	2	1	2		1	(2)	(1)						원개형 동기 1
11	전북 장수 남양리 1	2	1	1	1		(1)	(1)						
13	전북 전주 만성동	2	1	1		1			1					
34	전남 화순 백암리	2	1	3		1								석촉
14	충남 논산 원북리 나1	3	1				1							
15	충남 논산 원북리 나6	3	1	1				1	1					
16	충남 논산 원북리 다1	3	1	1				1	1					
17	전북 김제 서정동 2호	3	1					1	1					
18	황해 신천 용산리	3	1	3										
19	강원 횡성 강림리	3	1	2										
20	山口 下關 梶栗浜	3	1	2										

번호	유적	부장등급	동경	무기			공구			동령구				기타
				검	모	과	부	착	사	팔주령	간두령	쌍두령	조합령	
21	강원 양양 정암리	3	1	1										
22	佐賀 佐賀 宇木汲田	3	1	1										
23	佐賀 本村籠	3	1						1					
12	전북 완주 신풍 나-23	3	1	1			1		1					
24	전북 완주 신풍 가-2	3	1											
25	전북 완주 신풍 가-31	3	1											
26	전북 완주 신풍 가-35	3	1					1						
27	전북 완주 신풍 가-43	3	1					(1)						도자(1)
28	전북 완주 신풍 나-1	3	1											
29	전북 완주 신풍 나-21	3	1											
30	전북 완주 갈동 1	3	1											
31	전북 완주 갈동 2	3	1											
32	전북 전주 효자동	3	1	1										관옥
33	충북 청원 주성리	3	1						1					
35	경남 사천 월성리	3	1						1					
36	九州 長岐 里田原	3	1											

C형 세문경의 경우 1등급은 2기, 2등급은 11기, 3등급은 22기가 전한다〈표 6-3〉. 1등급은 무기, 공구 이외에, 쌍두령, 팔주령, 간두령, 조합쌍두령 등 동령구가 공반되는 경우로 함평 초포리, 화순 대곡리의 예가 이에 속한다. 2등급은 무기, 공구만 공반되는 경우로 그 중에

는 동경이 2점이 공반된 사례와 그렇지 않은 사례로 구분할 수 있다. 전자에 속하는 것은 부여 구봉리, 전주 원장동, 후자에는 후쿠오카 요시다케다카키(吉武高木) 3호, 장수 남양리 등이 있다. 3등급은 검과 같은 무기나 공구가 1, 2기종으로 공반되는 경우로 최근에 완주 신풍 일대에서 조사된 사례가 대부분 이에 해당된다. 사가(佐賀) 우키쿤덴(宇木汲田), 사가(佐賀) 혼손모리(本村籠) 등 일본의 대부분의 사례도 이에 속한다. 이들 각 형식의 동경 단계의 부장 유물을 각 등급별로 그 종류를 정리하면 다음 〈표 6-4〉와 같다.

이러한 등급 분류가 무덤 주인공의 사회적 성격을 이해하는 데 유용한 의미가 있는지 여부는 우선 동경을 부장한 무덤과 그렇지 않은 무덤에서 공반되는 청동기 유물을 비교하는 데서부터 따져볼 수 있

표 6-4 각 등급별 다뉴경 부장묘의 공반 유물

동경형식과 부장등급 \ 공반청동기 종류		무 기	공구 (철기포함)	마 구	이형 동기	동령구
A형	1등급	●	●	●		
	2등급	●	●			
	3등급	●				
B형	1등급	●	●		●	
	2등급	●	●			
	3등급	(검)				
C형	1등급	●	●			●
	2등급	●	●			
	3등급	(검)				
	3등급		(공구)			

다. 우선 A형 동경 단계에 요서 지방에서는 두 종류의 무덤간에 큰 차이가 없음이 확인된다. 동경이 부장되지 않은 건평 난가영자나 조양 십이대영자 1, 2호 무덤의 부장 유물의 종류와 양은 동경이 부장된 1등급의 묘와 큰 차이가 없다. 그러나 요동 지방에서 동경을 부장하지 않은 무덤은 대부분 무기와 공구 한두 점만 부장된다.

B형 동경 단계의 경우 동경이 부장되지 않는 무덤으로 1등급에 대응되는 예는 아직 확인되지 않았다. 다만 드물게 황해 정봉리 무덤처럼 2등급에 대응하는 예가 있을 뿐이다. 그리고 소량의 무기나 공구가 부장된 3등급의 무덤에서 동경이 부장된 예가 드물다.

다음 C형 동경 단계의 경우 우선 무기, 공구 등의 다른 부장품 없이 청동방울 세트가 공반하는 전 덕산, 논산 등의 예가 있는데, 둘다 그 유구가 조사되지 못했다. 무덤이라면 제사장적 성격이 강한 피장자의 무덤이라고 볼 수 있다.

C형 동경 단계에서 확실한 무덤이 알려진 예로서 2등급에 해당하는 무기와 공구 등의 청동기를 부장하면서 동경을 부장하지 않은 예는 드문 편이다. 확실한 조사 사례로 공주 수촌리 무덤이 있는데, 동검, 동모, 동부, 동착, 동사가 공반 출토되었다. 익산 용제리에서 2등급에 준하는 소량의 무기와 공구가 공반 출토한 예가 있는데, 출토 상황이 제대로 알려지지 않았다. 전 공주의 예는 원래 동경과 공반되었다고도 한다. 다음 3등급에 해당하는 무기 1종, 또는 공구 1, 2 종이 공반되면서 동경이 부장되지 않는 사례는 다수 있다.

결론적으로 말하면 3등급에 대응되는 청동기가 부장되는 무덤에는 동경이 없는 경우가 다수 있지만, 1, 2등급에 대응되는 종류와 양의 청동기가 부장된 무덤은 그 대부분이 동경이 부장되어 있는 것이다. 따라서 동경 부장묘는 동경이 부장되지 않은 무덤보다 부장품의 양적 규모에서 우월하다고 말할 수 있겠다.

다음 동경 부장묘의 앞서 확인된 3 등급별로 동경의 부장 매수와 그 크기와의 관계를 살펴 보고자 한다. 먼저 동경의 부장 매수를 보면 A형 동경 단계에는 다뉴경이 전부 1매만 부장되는 것이 확인된다. 그러나 B형 동경 단계에 와서는 2매 이상의 부장된 예가 많은데, 2매이상 5매까지 부장된 무덤은 남성리, 괴정동, 동서리처럼 1등급이거나, 구봉리, 전주 원장동처럼 2등급 중에서도 부장량이 많은 무덤이다. 1매 부장의 경우는 B형 동경 단계에 1등급에 속하는 예는 없고, C형 동경의 경우도 마찬가지이다. C형 2등급 중 부장량이 적거나 3등급의 경우도 전부 동경을 1매만 부장하였다. 결론적으로 다량의 동경이 부장되는 B, C형 동경 단계에서는 동경의 부장 매수가 무덤의의 등급과 관련이 있다고 판단된다.

동경을 대형, 중형, 소형급으로 나누어 본다고 할 때, 동경 크기의 분포 상황으로 보아 대체로 대형급은 23-15cm, 중형급은 14-11cm, 그리고 소형급은 그 10-5cm로 판단된다. 이러한 동경의 크기와 동경 부장묘의 등급과의 상관 관계를 살펴보면 A형의 요령 십이대영자 3호에서 직경 22.5cm의 대형급 동경이 나왔지만, 부장 유물 전체가 조사되지 않아 일단 그 등급이 확인되지 않는다. 그러나 B형의 경우 최대급인 직경 19.6cm의 동경이 나온 남성리 무덤은 1등급이고, C형의 경우는 지름 18cm와 15cm의 대형급 동경이 부장된 화순 대곡리, 함평 초포리 무덤은 1등급의 최대 부장묘임이 확인된다.

반대로 직경 10cm 내외의 소형경이 A형의 경우는 1등급의 심양 정가와자 6512호에서 출토되었다. B형의 거울 중 소형급은 1등급 무덤인 예산 동서리, 함평 초포리, 대전 괴정동 등에서도 나왔는데 전부가 5-2매의 복수 부장이 된 경우이다. 그리고 부장량이 2등급 중에서도

양이 작은 함흥 이화동, 당진 소소리와 3등급 무덤인 아산 궁평리와 일본 사가 우키쿤덴과 혼손모리 등에 부장된 동경은 전부 크기가 10cm 미만인 소형경이다.

이러한 사실을 종합할 때, A형 동경 단계에서는 확실하지 않으나 B, C형 동경 단계에서는 최대급의 동경은 각 1등급의 무덤에서 나왔고, 최소형급의 동경이 1등급 무덤에서 나온 경우는 2매 이상의 다수 부장된 경우임을 알 수 있다. 그리고 최소형의 거울이 단독으로 부장되는 무덤은 상당수가 3등급이고 그 다음 2등급의 무덤이다. 따라서 어느 정도 동경의 크기와 공반된 부장 유물의 양적 규모가 상관 관계가 있음이 확인된다.2)

이처럼 청동기 부장묘는 동경을 표지로 하여 그 부장 유물의 종류와 양으로 보아 3등급으로 나누어진다. 이러한 등급화 현상이 또한 무덤의 배치 상태와 축조 방식과 관련이 있음이 확인되면, 더욱 더 무덤의 주인공 신분을 살피는 데 의미가 있으리라 생각된다.

중점적으로 검토되는 것은 동 무덤이 군집묘를 이루고 있는지, 아니면 단독묘인지 여부이다. 단독 무덤의 경우는 비록 같은 지점에서 동일 시기에 여러 무덤이 축조되었다고 하더라도 상대적으로 격리되어 있는 경우도 포함한다. 또한 군집묘라 할지라도 대체로 10기 미만이 되는 소수의 특정 집단의 군집묘일 수 있고, 수십 기 이상의 다수 대형 군집묘의 경우가 있어서, 군집묘를 다시 소수 군집묘와 다수 군

2) 우리나라에서 발견되는 대부분의 청동거울은 무덤의 부장품으로 출토되므로 대체로 피장자의 소지용이었음을 알 수가 있다. 그런데 일본 오고리유적에서 매납된 상태로 확인된 예가 있어, 그 매납 동경은 전부 직경 15cm 이상의 대형급에 속하는 것임이 주목된다. 따라서 대형급 다뉴경이 일본 지역에서는 제사 예배 대상으로도 사용되었음을 알 수 있는 바, 이는 현재 민속 자료를 통해서 예배 대상용이 확인된 것과 맥락을 같이 한다.

집묘로 나누어 살피고자 한다. 이와 같은 단독묘, 소수 군집묘, 다수 군집묘의 구분은 피장자의 사회적 신분과 지위를 검토하는 데 중요한 잣대가 될 수 있다.

우선 A형의 조문경이 부장된 무덤 5기중 건평 포수영자 881호, 심양 정가와자 6512호 등 2기는 1등급 무덤으로 따로 떨어져 조영된 것으로 확인되었다. 특히 후자는 12기가 밀집해 있는 소형토광 군집묘에서 80m 떨어진 자리에 다른 무덤 1기와 함께 따로 조성되었다. 따라서 이 1등급의 동경 부장묘는 부장품에서도 우월하면서, 입지상으로 차별화된 곳에 위치함을 알 수가 있다. 무덤의 구조를 보면 포수영자무덤은 석곽묘이나, 정가와자는 길이 5m, 폭 3m, 깊이 1.4m의 대형 목곽묘로 50-60세로 보이는 남자가 목곽내의 목관에 안치되었다.

2등급의 대랍한구 851호 무덤은 석관묘로 같은 지점에서 751호 무덤이 발견되었다고 하므로 군집묘일 수도 있으나, 일단 상호 위치상의 관계에 대해서는 확실하지 않다. 3등급의 본계 양가촌의 무덤은 1기만 따로 있는 상식석관묘(箱式石棺墓)이다. 십이대영자 3호 무덤은 2기의 무덤과 10m 정도 떨어진 곳에 조영되어 소수군집묘를 구성하고 있다. 1, 2호 무덤이 석곽묘인 점을 미루어 이 3호도 이와 비슷할 것이라고 추정된다.

다음 B형의 조세문경이 부장되는 부장묘 7기중 1등급의 무덤은 한반도 금강 유역에서 위치한 충남 아산 남성리, 예산 동서리, 대전 괴정동 무덤이다. 모두 깊게 토광을 판 적석목관묘[3]로서 각 1기가 완만

3) 1990년대까지 이들 기원전 3세기대 동검 부장묘에서는 목관 시설이 분명하게 확인되지 않아 토광석곽묘 혹은 석관묘라고 하였다. 그러나 비파형동검 단계의 전형적인 석관묘 혹은 석곽묘와도 구분할 필요성이 있다고 생각되므로 기원전 1세기대의 경주 조양동 5호묘, 대구 팔달동 무덤과 같은 형식으로 보아 적석목관묘라고 부르는 데 동의하고자 한다.

한 구릉상에서 단독으로 조사되었다.

2등급에 속하는 3기의 무덤은 오도령구문, 조가보, 이즈웨스토프코보에로서 전부 중국 동북부와 연해주에 있는데, 이들 또한 전부 단독묘이다. 그 구조를 보면 오도령구문의 무덤은 한변의 길이가 14m의 방형적석묘(方形積石墓)이고, 조가보는 석곽묘(石槨墓), 이즈웨스토프코보에는 석관묘이다.

한편 제대로 보고 되지 않아 부장품의 종류와 규모를 알 수 없는 길림 서황산둔(西荒山屯)의 무덤은 대체로 2-3등급의 무덤으로 추정되는데, 6기가 밀집된 소수 군집묘를 이룬다.[4] 그 구조는 암반을 파고 두터운 석판을 덮은 암광묘(岩壙墓)이다.

1등급은 앞서 A형 동경과 달리 단독 개인묘가 대부분이며, 소수 군집묘에 속하는 동경 부장묘는 2-3등급에 속하는 것으로 추정된다. 그 구조는 각 지역마다 다르게, 적석묘, 석곽묘, 석관묘, 암광묘의 형식을 채택하고 있다.

C형의 세문경이 부장된 무덤은 총 34기가 확인되었는데, 1등급에 속하는 무덤 2기는 한국 영산강 유역의 함평 초포리와 화순 대곡리 무덤으로 모두 지표에서 상당한 깊이에 토광을 파고 1기만 따로 조성된 적석목관묘이다.

2등급에 속하는 함남 함흥 이화동, 황해 봉산 송산리, 충남 부여 구봉리와 합송리, 당진 소소리, 전북 전주 만성동의 무덤은 모두 단독 개인묘로서 모두 목관을 안치한 석곽묘 혹은 위석묘로 추정된다. 전북 장수 남양리 1, 2호의 경우는 5기가 한 곳에 밀집한 소수 군집묘로서, 석곽 안에 목관을 안치한 것으로 추정된다. 전북 완주 원장동 1호

---

4) 서황산둔(西荒山屯) 무덤 중 M2호와 M1, M3호 묘는 시기가 서로 다를 수도 있어 각각 단독묘일 가능성도 배제못한다.

묘 또한 5기 소수 군집묘 중 가장 우월한 입지에 위치한다.

일본에서 발견된 2등급의 동경 부장묘는 후쿠오카 요시다케다카키 3호 무덤이 유일한데, 수십 기가 밀집한 다수군집묘에 위치하는 것이 한국과 차이가 난다. 그러나 동일 군집내 대부분의 다른 무덤이 옹관묘인 점과 달리 적석목관묘로서 한국계통인 점이 주목된다.

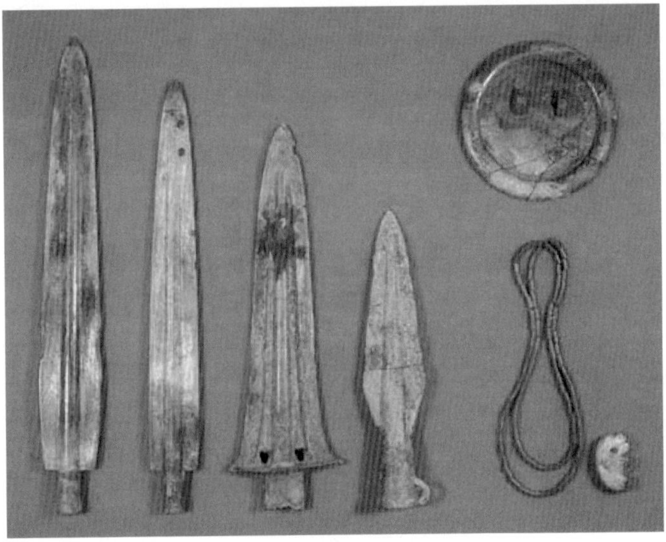

그림 6-5 후쿠오카 요시다케다카키 목관묘 출토 유물
(후쿠오카교육위원회 1986)

3등급에 속하는 황해 용산리 1기와 일본 야마쿠치(山口) 시모노세키(下關)의 가지구리야마(梶栗浜), 사가(佐賀) 우키쿤덴(宇木汲田), 혼손모리(本村籠), 나가사키(長崎) 사도다바루(里田原) 등 그 대부분 수십 기가 넘는 다수 군집묘에 자리잡고 있다. 특히 최근에 조사된 전북 완주 신풍 지구에서는 전면적인 발굴 조사를 통해서 70여 기의 목관묘가 발굴되고, 그중에서 3등급의 다뉴경 부장묘가 7기 조사되었다. 상호 수백 혹은 수십미터 거리 간격으로 10여 기의 무덤으로 이루어진 무덤군이 6개 지점에서 확인되었다. 이들 각 무덤군별로 1기씩의 3등급의 다뉴경 부장묘가 있는 것이다.

그 구조는 황해 용산리의 경우는 석곽목관묘, 완주 신풍의 7기 무덤은 모두 토광 목관묘이다. 일본의 경우 가지구리하마(梶栗浜)가 상식석관묘(箱式石棺墓)이고, 나머지 2기는 일본 특유의 옹관묘이다. 이처럼 C형 세문경단계에는 등급이 낮을 수록 단독묘보다는 군집묘에 편입되는 경향이 더욱 두드러진다. 1등급묘는 그렇지 않지만, 2등급의 일부, 3등급의 대부분이 군집묘에 속한다는 것이다.

지금까지 각 형식의 동경 부장묘를 살펴 본 바를 종합하면 동경을 부장한 무덤 중 1등급에 해당하는 무덤은 상당수 단독 개인묘임을 알 수 있다. 2등급의 무덤도 일부 소수 혹은 다수의 군집묘가 있지만 대부분이 단독 개인묘이다. 이와는 달리 3등급의 부장묘는 대부분이 다수 군집묘인 것이 확인된다.

무덤의 구조를 보면 중국 동북 지역에서는 A, B형경 단계의 묘제는 일정하지 않다가, 한반도에서 B형경 단계 이후에 와서 적석목관묘라는 묘제로 일정하게 자리잡아서 C형경 단계까지 이어진다. 이 적석목관묘는 일본의 규슈 지역에까지 파급되나, 일본에서는 일본 독자적인 옹관묘가 또한 채택되는 것이다.

제7장 다뉴경의 역사적 배경

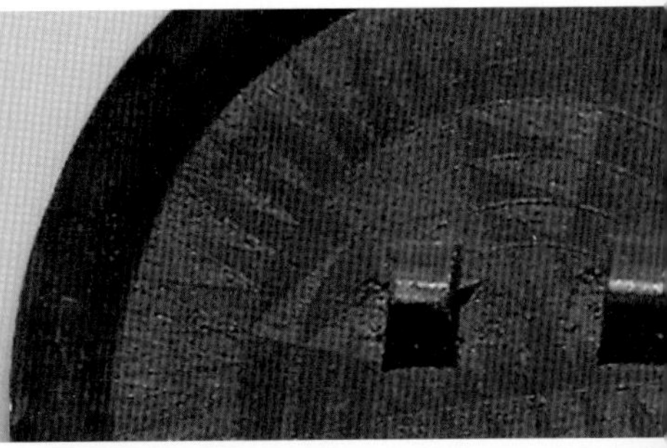

1. '국(國)'과 다뉴경 부장묘

어느 정도 집단의 통합을 유지하고, 대표하는 개인이 존재하는 정치체[1) 혹은 지역집단의 우두머리 중에서도 일정 수준 이상의 실력을 갖춘 사람이 있는 정치체를 '국(國)'이라고 정의할 수 있다. 그동안 '국'에 대하여는 주로 삼한의 '국'을 중심으로 논의하고 국읍(國邑)·읍락(邑落)·취락(聚落) 등의 위계 체제가 있다는 사실에 대해서 대부분의 문헌 사학자들은 동의하는 것으로 보인다.[2) 그러한 '국'에 대하여, 신진화론적 관점에서 chiefdom과[3) state로[4) 보는 입장이 대립

1) 權五榮, 「三韓의 '國'에 대한 연구」, 서울대학교박사학위논문, 1996
2) 盧重國, 「한국고대의 邑落의 구조와 성격-국가형성과정과 관련하여」, 『대구사학』 38, 1989.
   權五榮, 「중서부지방의 초기철기문화와 '衆國'의 대두」, 『부산사학』 31, 1998.
   金杜珍, 「三韓 別邑사회의 蘇塗 신앙」, 『한국고대의 국가와 사회』, 역사학회, 1985.
   문창로, 『삼한시대의 읍락과 사회』, 신서원, 2000.
3) 金貞培, 『한국고대의 국가기원과 형성』, 고려대학교출판부, 1985.
4) 李鍾旭, 『한국초기국가발전론』, 새문사, 1999.

되고 있듯이, 그 성격에 대해서 한마디로 규정하기 어렵다.

'국'이라 불리는 지역집단 혹은 정치체는 기원전부터 형성되어 지금에 이르기까지 존재하는 바, 같은 '국'으로 불리더라도 그 규모와 체제가 시대와 지역마다 각각 다른 것은 물론이다. 그러나 인구 규모를 따질 때 같은 '국'이라 하더라도 대국의 읍락 수준에 해당되는 인구 규모를 갖춘 소국의 예도 있음이 자명하다.

여기서 다루고자 하는 기원전 1천년기 전 기간 동안 중국 동북 지역과 한반도에 걸쳐 존재하는 고조선과 그 주변에 존재하는 '국'도[5] 시기와 지역 집단에 따라 규모와 성격이 달라지는 것임은 기록과 고고학적 사실을 통하여 짐작할 수 있다.[6] 그러한 이유로 '국'을 소국, 소국연맹, 연맹왕국 단계로 나누어 설명하기도 하고, 초기 단계의 '지구(地區)' '국(國)'과 후기 단계의 '지역(地域)' '국(國)' 등으로 구분하기도 한다. 전자는 고조선과 신라의 형성 발전 과정을 설명하는 데 제시된 바 있으며, 후자는 초기 신라인 경주의 사로국(斯盧國) 형성 발전

---

5) 『삼국지(三國志)』 기록을 보아 기원 3세기 대에 남한에 '국(國)'이 있음은 확실하지만 『사기(史記)』에 진번(眞番) 옆에 있었다고 하는 중국[衆國, 혹은 진국(辰國)]을 통하여 이미 기원전 2세기 대에 있음이 분명하다. 고조선과 관련해서는 '국'이라는 표현은 없지만 이미 전국(戰國) 칠웅(七雄)인 연(燕)나라와 견줄 만큼 지역적 통합을 유지할 만한 정치적 실력을 갖춘 '왕(王)'이라는 대표자가 기원전 3세기경에 존재하는 것으로 나온다. 이 단계에 벌써 중국 동북부 지역 혹은 한반도 북부 지역에 상당한 수준으로 발전한 '국'이라는 지역 정치체가 성립되었다고 볼 수가 있다. 그리고 기원전 8-7세기 경 관자(管子) 기록에서 보듯이 제(齊)나라에 알려질 정도이면, 당시에 고조선에 일정한 정치체 '국'이 형성되어 있다고 보아야 할 것이다.

6) 한편 후대이긴 하나 3세기 대 『삼국지』 기록에 한반도 남부 삼한 지역에 있다고 하는 수십 개의 '국' 중에, 대국은 1만 호이지만 소국은 수백 호에 지나지 않는 예도 있으며, 『한서(漢書)』에도 100호 미만의 소규모 집단에 대해서도 '국'이라고 표현하고 있다.

과 관련하여 제시된 바 있다.[7)]

편의적인 개념이지만 지구는 10-15km 정도이고, 지역은 대체로 현재의 군 정도의 규모로 대략 직경 30-50Km의 공간적 범위로 4-6개의 지구를 통합한 개념이다. 따라서 지역 '국'에서 보면 지구 '국'은 읍락 정도의 수준이라고 할 수 있을 것이다. 『삼국지(三國志)』에 나오는 삼한 지역의 수십개 '국' 중에 수천 호 이상 되는 대국은 지역 '국'에 해당되는 것으로 보인다.

고조선은 기원전 4세기경이면 이미 전국 연(燕)과 대적할 정도로서, 후기 지역 '국'의 수준을 넘어선 것으로 이해된다. 다수 지구 '국'을 통합한 것이 지역 '국'인데, 그 지역 '국' 다수를 아우르는 연맹왕국 단계의 '국'에 이르렀을 것이다. 위만조선(衛滿朝鮮)은 이미 연맹왕국 수준을 넘은 '국'으로 발전하게 된다. 한편 고조선 주변의 진국(辰國) 혹은 삼한(三韓) 사회의 경우는 사정이 달라서 기원전 3세기경 비로소 '국'이 형성된 것으로 이해된다. 그러한 초기 '국'이 지역 '국' 수준을 넘어 연맹왕국의 '국'으로 발전한 것은 진변한(辰弁韓) 지역에서 가장 늦어 기원후 3세기 이후가 된다.

고고학적으로 볼 때 중국 동북 지역과 한반도에서는 기원전 3세기 이전에 청동기문화가 주류를 이루지만 그 이후가 되면 철기문화가 발

7) 기원전 1세기 초기 '국'이 성립하고 기원후 3세기 이후에 이들 초기 지구(地區) '국' 다수가 통합되어 지역 '국'이 형성된다고 보는 것이다. 영남 지역의 고고학적 성과를 토대로 한 성립 단계 '국'을 보면 처음에는 '읍락(邑落)'을 단위로 한 '읍락(邑落)=국(國)'으로서 이른바 '지구(地區)' 국으로 출발한 것으로 보인다.
李淸圭, 「斯盧國의 형성에 대한 고고학적 검토」, 『國邑에서 都城으로-新羅王京을 중심으로』, 경주시 신라문화선양회, 2005, 1-28쪽.
이희준, 「초기 진변한에 대한 고고학적 논의」, 『진변한사연구』, 경상북도 계명대학교 한국학연구원, 2002.

전하는 바, 그에 따라 '국'의 물질적 기반이 달라진다. 또한 같은 시기라 하더라도 중국 동북 지역, 서북한, 남한 지역 간에 청동기와 철기의 보급 정도에 큰 차이가 있다.

앞에서 보듯이 기원전 7세기 이전에 십이대영자의 1등급 추정 다뉴경 부장묘로 확인되는 청동기문화의 센터가 요서 지역에 위치하지만, 같은 시기에 요하 동쪽과 한반도 지역에는 그렇지 않다. 요하 동쪽에 정가와자의 1등급 다뉴경 부장묘가 등장하는 것은 기원전 6-5세기경이며, 같은 시기에 한반도는 3등급 다뉴경 부장묘도 거의 확인되지 않는 주변적 상태를 보여준다. 기원전 4-3세기경에 비로소 요동 지역에 2등급의 단동 조가보 무덤, 한반도에 1등급의 남성리 다뉴경 부장묘가 등장하는데, 한편으로 요서 지역에는 연나라 청동기문화가 보급되기 시작한다. 그리고 기원전 3-2세기경에 요동과 서북한 지역에 철기문화가 크게 보급되는데, 이 때 한반도 특히 남한 지역에는 철기문화는 거의 보급되지 않고, 화순 대곡리의 사례와 같은 1등급의 다뉴경 부장묘가 등장하는 것이다.

북한, 남한, 일본 규슈와 긴키 각 지역의 학자들이 다량의 청동기 부장묘를 일정 지역의 최고 지배층 혹은 초기 단계의 '국'의 최고 우두머리로 보는 점에서는 의견을 같이 한다.[8] 그리고 부장된 청동기를

---

8) 우선 요하 동쪽에서 가장 많은 청동기를 낸 심양 정가와자 6512호 무덤의 피장자에 대해서는 북한 학자들은 고조선 전기 단계의 노예주 지배계급으로서 4개 층으로 갈라져 있는 지배계급 중 제1층, 또는 많은 재부(財富)를 독차지한 권력 있는 대소유자라고 주장한 적이 있다(사회과학원 역사연구소편, 『조선전사 2-고대편』, 1991). 또한 李賢惠는 한반도 남부의 삼한 지역에 한정한 것이지만, 다량의 청동기를 낸 무덤에 대해서 대읍락(大邑落)의 지배자로서 다수의 소집단들을 통솔하는 국읍(國邑)의 주수(主帥)라고 이해한 바 있다.(李賢惠, 『삼한사회 형성과정 연구, 1982).
鄭璟喜는 동검과 거울 혹은 방울을 갖고 있는 금강 유역 제1급 무덤에 대

대표하는 다뉴경이 그 자체의 문양과 용도, 제작의 난이도를 고려할 때 초기 단계 '국'의 우두머리 상징물일 가능성이 매우 높은 것이다.[9] 바꾸어 말하여 중국, 한국, 일본 전 지역에 걸쳐 비파형동검-세형동검 시기에 각 지역마다 '국'이 출현하였다는 것을 인정한다면, 그 초기 단계 '국'의 우두머리는 다뉴경 부장묘라고 말할 수 있다.

다른 한편에서 이른 단계 '국'의 우두머리에 대한 문헌사학자들의 견해는 정치적, 세속적 권력과 함께 종교적 권위를 가진 실력자로 보는 것이 일반적이다. 일정 집단의 제의 행사를 주재하거나 신의(神意)

해서 일정 공동체의 지배자의 무덤이라고 설명하였다(鄭璟喜, 『한국고대사회문화연구』, 1990, 38-61쪽).

金鐘一 또한 이형 동기, 동경, 무기의 조합 관계를 살펴, 삼자 모두 부장한 무덤을 최상의 1등급이라 하여 국읍의 주수(主帥)라고 설명한 바 있다(金鐘一, 한국 중서부지지역 청동유적유물의 분포와 제의권', "한국사론"31, 서울대 국사학과.1994).

일본에서는 동경과 청동기 무기를 부장한 동 지역의 최상급 요시다케다카기 3호 무덤에 대해서 일본 최고(最古)의 왕의 무덤으로 이해하고 있다. 이 무덤이 있는 사와라(早良) 평야 일대가 『삼국지(三國志)』 기록에 보이는 왜(倭)의 이도국(伊都國)이라는 소국(小國)으로, 동 소국을 지배하던 왕의 무덤이라는 것이다. 이처럼 규슈 지역의 고고학자들은 야요이시대 다뉴경 부장묘를 왕묘(王墓)라고 부르고, 긴키 지역의 학자들은 왕이라는 칭호 대신 수장(首長)의 무덤이라고 하지만 양쪽 다 '국'의 우두머리로 보는 데는 이견이 없어 보인다.

9) 앞서 金鐘一은 중서부 지방 국읍(國邑)의 우두머리 무덤을 동경은 물론 방패형동기와 검파형동기, 그리고 청동방울을 포함하는 각종 이형 동기를 부장한 무덤이라고 규정한 바 있다. 문제는 이형 동기가 중국 동북 지방과 한반도에 걸친 그 밖의 다른 대부분 지역에는 거의 보급되지 않았다는 데 있다. 그 지역에도 동일한 기준을 적용한다면 '국'의 우두머리가 존재하지 않는 모순이 생기게 된다. 따라서 동경을 표지(標識)로 하여 동경 부장묘를 국의 우두머리로 삼고, 지역에 따라서는 이형 동기와 방울 세트가 부장되는 경우가 있는 것으로 이해하는 것이 보다 자연스럽다 하겠다.

를 받들고 주술적 희망을 간청할 자격을 갖춘 제사장적 성격을 갖는 샤만왕 혹은 사제왕(司祭王)으로 인정하고 있는 것이다.[10] 과연 사제왕이라는 개념이 인류학적인 관점에서 민족지 자료로 볼 때 타당한 것인지에 대해서는 의문이 가나, 일단 초기 '국'의 우두머리가 이러한 성격을 가진 자로 규정하는 것은 인정이 되며, 그것이 다뉴경 부장묘의 주인공이라는 것이다.

한국과 일본 출토 다뉴세문경을 2구와 3구형식으로 분류하고, 그 부장묘의 공반된 청동유물을 따져, 각각 정치적 수장과 제사장의 것이라고 설명한 연구가 있다.[11] 그러나 기원전 2세기대 세문경 단계에 최고의 청동기 부장묘가 정치적 수장과 관계 없는 제사장이라는 점에 의문이 있다. 『삼국지』가 기록된 기원 3세기경은 진변한의 경우 다량의 철기를 부장한 목곽묘 단계로서 이미 다뉴경은 없어지고, 새로운 지배이데올로기를 갖춘 지배층이 등장하는 것이 고고학적으로 알려져 있다.[12] 따라서 수백년 후의 삼국지 기록을 미루어 제정이 분리되었다고 설명하는 것은 위험하다.

지석묘에서는 간혹 청동기 한두 점은 부장되었으나 다뉴경을

---

10) 鄭璟喜, 위의 문헌, 1990.
徐永大, 「한국고대 神觀念의 사회적 의미」, 서울대학교박사학위논문, 1991.
權五榮, 위의 문헌, 1996.

11) 李陽洙, 「多鈕鏡으로 본 한국과 일본」, 『영남고고학』 35, 영남고고학회, 2004, 37-57쪽.

12) 李淸圭, 「지배층무덤의 변천에 대하여-기원전 3세기~기원후 3세기」, 『인류 학연구』 8, 영남대 문화인류학과, 1998.
李賢惠, 「한국 초기철기시대 政治體 首長에 대한 고찰」, 『역사학보』 180, 2003.
權五榮, 「斯盧六村의 위치문제와 首長의 성격」, 『신라문화』 14,동국대학교 신라문화연구소, 1997, 7-18쪽.

비롯하여 다량의 청동기를 부장한 예는 확인되지 않았다. 이러한 지석묘와 다뉴경 부장묘에 묻힌 주인공의 신분과 사회적 성격은 격세지감이 있으며, 그것은 '국'과 국 이전 사회집단의 차이라 할 수 있을 것이다. 그러한 지석묘를 축조한 사회는 다뉴경 부장묘로 표상되는 '국'과 달라서 우두머리의 정체성이 뚜렷하지 않은 읍락으로 인정되거나,[13] 국 이전의 촌장 사회 혹은 '국'에 통합되는 세력 집단의 것으로 이해된다.[14]

다뉴경 부장묘의 주인공을 우두머리로 한 '국'이 인구나, 지리적 범위가 모두 일정하다고 볼만한 근거는 없다. 다뉴경 부장묘 자체도 부장품의 종류와 양으로 볼 때 최고급 무덤이 큰 규모의 '국'에 대응되고, 2등급 무덤은 작은 규모의 '국'에 대응될 수 있다. 공간적인 범위로 따지자면 직경 수십 km 되는 면적의 '국'과 수 km 되는 면적의 '국'이 있을 수 있으며, 그 '국' 속에 소속되는 하위 집단의 수나 규모, 위계화 정도도 일정하지 않을 것으로 추정된다.

바꾸어 말하면 모든 다뉴경 부장묘가 동일한 수준의 '국'이라고 볼 수 없는 것이다. 부장된 청동기의 규모가 그 주인공이 관장하는 '국'의 범위와 규모와 비례한다는 것을 입증할 직접적인 고고학적 증거는 없지만, 여러 정황으로 미루어 그렇지 않을 가능성보다 높다 하겠다. 앞서 심양 정가와자, 조양 십이대영자, 아산 남성리, 함평 초포리 등의 최대급 다뉴경 부장묘일 경우 그것은 지역 '국' 수준은 물론 다수의 국을 대표하는 소국 연맹의 '국'일 가능성이 있다.

한편 2등급 혹은 3등급의 다뉴경 부장묘에 묻힌 주인공의 사회적 성격에 대한 설명을 도와줄 수 있는 고고학적 성과로 완주 신풍동 유

13) 宋鎬晸, 『고조선국가 형성과정 연구』, 서울대학교박사학위논문, 1999
14) 李鍾旭, 위의 문헌, 1999.

적 사례가 있다. 2등급 무덤은 신풍지구에서 조사된 70여 기의 무덤 중에 1기, 3등급 무덤은 7기가 확인되었는데, 각각의 6-10여 기의 무덤군 중 1기이다. 이로 미루어 각 단위 무덤군의 수장급으로 3등급 부장묘, 이들 단위 무덤군 전체를 통합한 상위급 수장묘로 2등급 부장묘가 있는 셈이다. 단위 무덤군은 하위 집단 무덤으로 촌락 수준에 해당되고, 상위 무덤은 지구 '국' 수준으로 치환할 수 있다고 한다면, 이 완주 신풍 일대에 적어도 지구 국 수준의 사회가 있는 셈이다.

한편 초기 '국'의 성립을 청동기 혹은 다뉴경 부장묘로 가름할 수 있다 하더라도, 후기 '국' 혹은 발전된 '국'의 우두머리 무덤을 다뉴경 부장묘로 국한하기 어렵다. 영남지역의 경우 기원전 2세기 이전 무문토기 단계의 청동기 부장 적석목관묘에서 기원전 1세기 이후 고식와질토기 단계의 철기 부장 목관묘를 거쳐 기원후 1세기 이후 신식와질토기의 목곽묘로 발전하였는 바, 지역 '국'의 우두머리는 기원 2-3세기 이후 최종 단계의 철기 부장 목곽묘로 추정되는 것이다.[15)]

고조선의 경우도 기원전 4-3세기경 왕을 칭하고 연(燕)과 대적하는 '국', 바꾸어 말하면 후기 지역 '국' 다수를 아우르는 소국연맹 혹은 연맹왕국의 '국' 단계에 이르렀을 때, 최고 우두머리는 다뉴경 부장묘의 주인공이 아닐 가능성이 높다. 다뉴경 등의 청동기로 표상되는 이데올로기나 물질 기반은 고조선 내의 주변 하위 집단에 해당하는 '국'에 적합한 것이다. 연맹 '국'의 물질적 기반이 청동기문화에서 철기문화로 변화하면서, 다뉴경 부장묘는 연맹 '국'을 구성하는 하위의 단위 집단, 지역 혹은 지구 '국'의 우두머리에 대응된다.

위만조선은 이미 연맹 '국'을 넘어 '국가' 수준의 '국'으로 발전하였

15) 李淸圭, 위의 논문, 2005.

는 바, 여러 고고학적 상황으로 미루어 그 왕의 무덤은 이미 철기를 다량 부장한 목곽묘 수준일 가능성이 높다. 종전의 초기 '국'에 대응되는 다뉴경 부장묘는 이제 위만조선이라는 국가 사회를 구성하는 하위 '읍락'에 지나지 않게 된다. 바꾸어 말하면 초기 '국'은 후기 '국'에 와서는 읍락 수준으로 이해되는 바, 그러한 집단의 우두머리는 종전의 다뉴경 부장묘 주인공이라는 것이다.

2. 조문경의 사회

1) 비파형동검 전기(기원전 8-7세기)

고조선에 대하여 기원전 5-4세기경에 편찬된 것이라고 하는 '관자(管子)'에 제(齊)나라 관중(管仲)이 조선의 호랑이 가죽을 지적한 기록이 처음 나타나지만[16], 어디에 자리를 잡았는가에 대해서는 명확한 지적은 없다. 그보다 다소 늦게 편찬된 『전국책(戰國策)』에 조선 위치와 관련하여 '연(燕)나라의 동쪽에 조선료동(朝鮮遼東)이 있다', 그리고 『산해경(山海經)』에는 '조선(朝鮮)은 열양(列陽)의 동쪽에 있는데, 바다의 북쪽, 산의 남쪽에 있다'라는 기록이 보일 뿐이다.

이처럼 제나라와 연나라 사람들의 인식 범위에 있는 조선이 요하 서쪽과 동쪽, 또는 요동반도, 서북한 지역 중 어느 지역에 있는지 정확하게 판단할 근거는 없다.[17] 그러나 어떤 지역이라고 추정하든 요

16) 이 조선에 관한 내용을 徐榮洙는 기원전 7세기까지 올려 보아도 무방하다고 주장한다(徐榮洙, 「고조선의 대외관계와 境域의 변동」, 『동양학』 29, 1999, 93-118쪽).

하 유역에서 서북한 지역에 걸쳐 이 기록에 대응되는 기원전 1천년기 전반의 고고학 자료로 비파형동검단계의 유적유물갖춤새가 분포하고 있다. 아울러 고조선을 정치적인 성격을 띤 집단으로 이해하고, 청동기가 정치적 위세품이라고 한다면, 비파형동검을 표지로 한 청동기문화 중에서 고조선을 찾을 수밖에 없다.

사정이 그러할 때, 그 비파형동검문화 영역권내의 모든 유적유물갖춤새를 모두 고조선에 속하는 것이라고 보기 어려운 것은 물론이다. 그 정확한 지리적 범위의 경계를 찾는 것도 어려운 바, 결국 중심되는 청동기 문화 유형을 찾는 것이 가능할 뿐이다. 비파형동검 문화 유형 중에 시간적으로 가장 이르면서 공간적으로 가장 서북쪽에 위치한 노로아호산(努魯兒虎山) 서쪽의 남산근(南山根) 유형의 청동기문화가 우선 검토의 대상이 된다. 이 유형은 하가점(夏家店) 상층 문화에 속하는 것으로 북한에서는 한 때 고조선에 이웃하는 맥족(貊族)으로 파악한 바 있지만[18], 관련 문헌기록에 근거하여 동호(東胡)[19] 혹은 산융(山戎)[20] 등의 의견에 차이가 있을 뿐 그 동남쪽의 십이대영자 유형과는 각기 다른 족속 혹은 집단에 속하는 것이 또한 대세이다.

---

17) 盧泰敦, 徐榮洙는 당시 遼水를 현재의 遼河로 보고, 이지린, 尹乃鉉은 灤河라고 주장하면서 그 동쪽의 고조선 위치에 대해서 의견이 엇갈린다.
盧泰敦, 「고조선 중심지 변천과정에 대한 연구」, 『한국사론』 23, 서울대 국사학과, 1990.
徐榮洙, 위의 문헌, 1999.
리지린, 『고조선연구』, 과학원출판사, 1963.
尹乃鉉, 『고조선연구』, 일지사, 1994, 1986.

18) 황기덕, 「료서지방의 비파형단검문화와 그 주민」, 『비파형단건문화에 관한 연구』, 과학백과사전출판사, 1988, 93-150쪽.

19) 宋鎬晸, 위의 문헌, 1999.

20) 吳江原, 「西遼河上流域 청동단검과 그 문화에 관한 연구-동검의 계통과 사용집단문제를 중심으로」, 『한국고대사연구』 12, 1997, 360-415쪽.

노로아호산의 동쪽에 있는 십이대영자 유형은 비교적 이른 단계의 비파형동검과 번개무늬의 다뉴조문경을 주요 갖춤새로 갖고 있다. 지리상으로 보아 이 유형의 문화는 대릉하(大凌河)의 유역의 저지대로 연결되는 공간적 범위에 위치한다. 십이대영자 유형에 대해서는 남산근 유형과 함께 고조선의 서쪽에 있는 이민족으로 보는 견해가 적지 않은데, 그 주요 근거는 고조선이 이 지역에 있던 적이 없다는 역사지리적 해석이다.[21)]

고고학적으로 본다면 앞서 보았듯이 한반도와 마찬가지로 다뉴기하학문경을 대표적인 위세품으로 삼는 십이대영자 유형은 요동-한반도와 관련 있는 집단, 곧 고조선이거나 적어도 고조선이라고 부를 수 있는 집단에 대응하는 것으로 추정된다. 문헌기록만으로 추정한 고조선의 위치도 노로아호산을 경계로 하여 동호와 인접하였다고 보는 주장도 있음은 물론이다.[22)]

조양 십이대영자 지점 인근 수킬로미터 이내에는 최근에 보고된 원대자(遠臺子)를 비롯하여 다수의 청동기 부장묘가 분포 조사된 바 있어 이 일대에 초기 단계의 '국'이 형성되어 있음은 분명하다. 조양은 그 서쪽의 중원청동기문화와 북쪽의 하가점(夏家店) 상층문화의 남산근 유형 문화권과의 접경지대로서 일찍부터 요하 유역에서 중원과 북방 내몽골 지역으로 내왕하는 교통 요충지이다.

대릉하 상류로 거슬러 올라가 건평의 포수영자(炮手營子) 등지에서도 다뉴경 부장묘가 있으므로 이 지역에 십이대영자 유형 분포권의 주변으로서 '국'이 형성되어 있을 가능성이 높다. 바꾸어 말하면 비파형동검문화권역 중에서 기원전 8-7세기경 조문경을 표지로 한 십이대

---

21) 宋鎬晸, 『한국고대사 속의 고조선사』, 푸른역사, 2003.

22) 徐榮洙, 위의 문헌, 1999.

영자 유형의 권역에서 그 중심은 조양 십이대영자이고, 주변은 서쪽으로는 건평이라는 것이다.[23] 상호 일정한 네트워크를 형성하였을 것으로 추정되나, 이들을 모두 묶어 고조선으로 부를 수 있는 지역 집단의 범주에 소속시킬 수 있는지 여부는 단정짓기 어렵다.

요하 동쪽으로 십이대영자 유형의 번개무늬 다뉴조문경과 비슷한 형식의 예는 양가촌 유형이 있다. 다뉴경 형식을 통한 시기적인 선후관계로 보아 태자하(太子河) 유역의 청동기 갖춤새는 대릉하 중류의 십이대영자 유형에서 확산 변형된 것으로 보여진다.

금주(錦州)에 있는 오금당(烏金塘) 유형은 조양을 중심으로 한 비파형동검문화의 서남쪽 경계로서 중원청동기문화와의 접점으로 추정되는 것이다. 앞서 제나라에서 이해한 고조선은 중원계 유물이 공반되는 금주 오금당 유형의 분포 지역을 중간 거점으로 하여 교류한다고 볼 수 있다.

결론적으로 말하면 고조선 전기에 현재까지 찾아진 고고학적 성과로 보면 십이대영자 유형이 그 중심에 있으며, 일정한 과정을 거쳐 주변의 양가촌 유형 등의 여러 집단과 연결하여 네트워크를 형성시켰을 것으로 보인다. 그 연대는 대체로 기원전 8-6세기로 앞서 관자의 기록은 이러한 고고학적 상황과 맞물리는 것으로 이해할 수 있다.

---

23) 吳江原은 요서에서 서북한에 이르는 비파형동검문화를 5기로 나누어 그 형성과 발전 과정을 살펴 본 바 있다. 그 문화의 형성 초기에 노로아호산 이북의 하가점상층문화의 영향을 받았는데, 그 중심 영역이 그에 인접한 대릉하 상류의 건평 능원(凌原) 지역이었다고 한다(오강원, 『비파형동검문화와 요령지역의 청동기문화』, 청계).

2) 비파형동검 후기(기원전 6-5세기)

기원전 6-5세기경이 되면 동북아 최대급의 다뉴경 부장묘는 요하 하류 지역을 중심으로 한 정가와자 유형에서 나타난다. 그러한 정가와자 유형은 십이대영자 유형보다 한반도의 다른 청동기문화 유형에 가까운 바, 한반도 서남부 지역의 남성리 유형과 이형 동기 등의 갖춤새와의 유사성은 다수 학자들이 지적한 바와 같다.[24] 그와 함께 한반도의 청동기문화 유형 권역에 널리 분포하고 있는 점토대토기문화가 공유되는 것도[25] 중국 동북 지방의 어떤 청동기문화 유형이 고조선에 대응되는가 하는 판단의 중요한 척도 중의 하나이다.

요하 하류 서쪽으로 의무려산(醫巫閭山)을 경계로 십이대영자 유형의 문화권과 얼핏 구분되어 보이지만 지리적으로 큰 장애가 없으며, 실제로 청동기의 확산은 이와 관계없이 이루어졌음이 앞서 본 바와 같다. 또한 요하 유역의 동북쪽으로는 장춘(長春)·농안(農安) 지역에 이르기까지 완만한 야산이 있을 뿐, 지리적 장애가 거의 없다. 남쪽으로 태자하(太子河) 유역의 본계 지역에 이르는 지역도 거의 지리적 장애가 없으며, 특히 요하와 그 지류인 혼하(渾河)를 따라 조성된 하천 유역은 더욱 그러하다.

이러한 요하 하류 지역의 광활한 대지 한가운데에 십이대영자에 버금가는 우두머리급 무덤인 정가와자 무덤이 위치하는 것이다. 정가와자에서는 십이대영자와 마찬가지로 여러 청동기 부장묘가 배치되어 있어, 중심된 국이 일정 기간에 이 구역에 자리 잡았음을 미루어 추정

---

24) 李建茂, 「한국식동검문화의 성격-성립배경에 대하여」, 『문화재연구 국제학술대회 발표논문』 제3집, 국립문화재연구소, 1994.

25) 박진일, 「한반도 점토대토기문화 연구」, 부산대학교박사학위논문, 2013.

할 수 있다. 관계적 지리로 보아 교통의 중심지로 가장 발전할 수 있는 입지에 '국'이 성립된 것이다.

고고학적 사실이 이렇다고 한다면 동 지점으로 전 단계의 비파형동검과 다뉴경을 표지로 한 청동기문화의 중심이 옮겨 왔는가, 그리고 그것은 고조선의 주변이 아닌 중심 '국'으로 인정할 수가 있는가 하는 것이 문제가 된다.[26] 의무려산 이서에는 십이대영자 무덤에 버금가는 우두머리급 무덤은 아직 확인되지 않았지만, 원래 없었는지 여부는 단정하기 어렵다. 편의상 십이대영자 유형에 속하는 것으로 규정한 대릉하 중상류의 건평 포수영자(炮手營子) 무덤에서 정가와자와 비슷한 단계의 조문경이 출토된 바 있으므로, 조문경과 비파형동검을 표지로 하는 청동기문화가 여전히 대릉하 지역에 존속하였을 가능성이 있다. 그렇다 하더라도 분명한 것은 새로운 중심이 전 단계에서는 동 청동기문화 권역의 동쪽 주변이라고 할 수 있는 요하 하류 지역에 형성되었다고 말할 수 있다. 그것은 요하 동쪽의 태자하 유역에서 이전 단계의 양가촌 유형의 존재로 예고된 바 있는 것이다.

한편 전 단계에 십이대영자 유형이 있었던 대릉하 중류를 벗어나 그 서변에 연(燕)의 영향을 보여주는 청동 유물갖춤새로서 노야묘(老爺廟)의 예가 있는 남동구(南洞溝) 유형이 분포한다. 간혹 중국계 유물이 객좌(喀左) 지역의 동쪽에서 출토되지만, 기본적으로 전국 연나라계 청동기는 이 지역을 크게 넘지 못하는 바, 이를 통하여 동쪽 주변과 달리 서쪽 주변으로는 더 이상 다뉴경의 문화가 확대되지 않음이 확인된다.

요하 유역의 심양 정가와자를 중심으로 한 정가와자 유형은 어디까

26) 박준형, 『고조선사의 전개』, 서경문화사, 2014.

지가 지리적 범위인지를 입증할 수 있는 지표로서 번개무늬 조문경을 들 수 있다. 그러나 정가와자 조문경과 유사한 형식의 거울로서 확실하게 발굴된 예는 없다. 다만 요령 지역, 한반도의 대동강 유역 평양, 금강 유역 대전에서 출토하였다고 전하는 조문경이 있을 뿐이다. 출토했다고 전하는 지점이 확실하다면 조문경의 확산 범위가 동쪽으로 한반도로 넓혀진 것이 된다. 이러한 조문경의 확산이 이미 십이대영자 단계에 이루어졌을 가능성을 전혀 배제하지 못하지만, 그 형식으로 보아 정가와자 유형 단계일 가능성이 높다.

물론 전 단계의 비파형동검이 요동 지역 전역에서 발견된 바 있고, 한반도에까지 확산된 증거는 다수 확보되어 있다. 이미 비파형동검 제작과 보급의 네트워크는 요동과 한반도 전 지역에 확장되어 있었지만, 의기적, 위세적인 성격이 강한 조문경의 네트워크는 이 단계에 비로소 확장되기 시작한 것으로 보인다. 그렇다고 한다면 기원전 6-5세기경 비파형동검 후기에 정가와자를 중심으로 한 청동기 문화권의 주변은 한반도 중부까지 이른 셈이 되는데, 그렇다 하더라도 고조선의 경역이 이 지역까지 이른다고 보기 어려운 것은 물론이다.

당시에 동일한 교류 네트워크 또는 같은 문화 유형에 속한다고 할 수 있지만, 그렇다고 같은 정치적 집단으로 인식할지는 별개의 문제이다. 이러한 상황은 다음 단계에서도 확인되는데, 발달된 정복 왕국 국가체제의 경계의 관념적 잣대로서 연맹왕국의 '국' 단계의 전기 고조선에 대하여 그 영역이나, 중심과 주변을 말하는 것은 무리이다. 따라서 지금까지 확인된 고고학적 자료로써 정치적 의미가 있는 고조선의 경계나 주변은 말하기 어렵다.

3. 조세문경의 사회

1) 세형동검 전기 전반(기원전 4세기)

『삼국지(三國志) 위서(魏書)』「동이전(東夷傳)」 한조(韓條)에 다음과 같은 위략(魏略)의 인용 기사가 있다. "주(周)나라가 약하여지는 것을 보고 연(燕)나라의 지배자가 스스로 높여 왕(王)을 칭하고 동쪽으로 가서 땅을 빼앗으려 하니 조선의 후(候) 역시 스스로 칭하여 왕이 되었다고 한다. 조선왕은 군대를 일으켜 도리어 연을 공격하여 주(周) 왕실을 받들려고 하였는데, 그 대부(大夫)인 예(禮)가 간(諫)하여 멈추었다."

이 기록에 따르면 당시 고조선은 단순히 후(候)의 수준을 넘어 왕을 칭하고, 전국 7웅과 경쟁할 정도로 우두머리의 위세와 권력이 강화되었음을 알 수 있다. 이는 곧 고조선이 연맹왕국 단계의 '국' 수준으로 발전하였음을 말해 주는 것이지만, 이러한 연맹왕국의 수준에 걸맞는 물질문화가 확인되지 않는다. 이 당시에 고조선의 중심 영역은 압록강 이남을 내려 오지 않는 것으로 추정되고 있다. 이 기록의 시대인 기원전 4세기 후반에 이 지역에서는 윤가촌(尹家村), 대청산식(大青山式)의 초기 세형동검의 청동기 문화 유형이 확인된다. 그러나 전 단계의 정가와자 유형과 같은 풍부한 청동기의 갖춤새는 이 시기의 요동 지역에 보이지 않는다.

지금까지 이 지역에서 확인된 조세문경 부장묘는 다음에 보다시피 압록강 유역, 송화강과 혼강(渾江) 상류 지역, 그리고 연해주 지역 등에서 확인되는데, 기원전 4세기초로 올라갈 가능성을 전혀 배제 못하지만 대체로 기원전 4세기 후반 이후 추정되는 것이다. 이들 각 지역에 발견되는 조세문경은 삼각집선문을 기본 단위로 한 성형문경과 이중원권문의 형식을 갖고 있고 꼭지와 주연부 등에서 상호 공통된다. 종전의 번개무늬 장식이 아니면서 상호 유사한 형식이라는 점은 공통된 기원지에서 확산되었거나 아니면 지역 집단 간에 상호간에 모종의 교류가 있다는 것이 된다.

길림 지역의 조세문경 분포 지역과 가까운 곳에서 같은 조세문경 부장묘가 발견된 지역은 한반도의 대동강 유역을 중심으로 한 서북한 지역이다. 특히 단동이 있는 압록강 하구는 해로이건 육로이건 간에 교통로상으로 대동강 유역에서 더욱 쉽게 접근할 수 있어 보인다. 그러나 압록강 유역과 대동강 유역 간에는 동검을 비롯한 다른 청동기 갖춤새의 형식에 차이가 있어 양 지역간의 직접적인 교류를 주장하기 어렵다.

사정이 그렇다고 한다면 이들 공통 조형의 다뉴조세문경이 요하 동쪽 어떤 지점에서 존재했으며, 그것이 서북한과 길림 지역으로 각각 확산되었으리라고 보는 것이 타당하다. 태자하 이남의 요동 지역 어느 곳이 중심지라고 가정될 때 그 인접한 압록강 유역이 그 일차 주변에 해당되었으리라 생각되며, 그 주변 지역이 다음에 살필 연(燕)의 동진 직전에 다뉴경 분포권에 편입되었으리라 보는 것이다. 이와 관련하여 초기 세형동검 등의 청동기 갖춤새 점토띠토기, 흑도장경호 등의 토기와 목관묘 등이 확인되는 태자하 유역 이남에서 천산산맥에 이르는 지역에서 확인되는 것이 그러한 사실을 뒷받침하는 것으로 보인다. 그곳에 고조선의 연맹왕국에 속하는 지역집단 혹은 지구 '국'이 있을 가능성이 있다는 것이다.

그러나 종전과 다른 위상을 갖춘 고조선의 왕이라면 그것은 다뉴경 부장묘의 주인공이 아닐 가능성도 전혀 배제 못한다. 이미 연맹왕국의 우두머리에 걸맞는 물질적인 문화는 물론 새로운 정신적, 종교적 기반을 가질 수 있다. 이에 해당하는 수장묘는 인접한 전국(戰國) 초의 철기문화의 영향을 받아 종전의 청동기 부장묘와 다른 부장 유물을 갖추었을 가능성도 적지 않은 것이다.

2) 세형동검 전기 후반(기원전 3세기전반)

삼국지 위지 동이전에 전하는 위략 인용 기사에는 "연나라가 장수 진개(秦開)를 보내어 조선의 서방을 쳐서 2천여 리의 땅을 빼앗고, 만반한(滿潘汗)으로 국경을 삼았는 바 조선은 마침내 약화되었다"라는 내용이 있다. 고조선과의 경계인 만반한에 대해서는 대체로 요동 남부에서 청천강 상류를 잇는 공간적 범위 내에서 학자마다 각각 다른 의견이 제시되고 있다.

아울러 『사기(史記)』 「흉노열전(匈奴列傳)」에 "장성(長城)을 축조하였는데 조양(造陽)에서 양평(襄平)에 이르렀으며, 상곡(上谷), 어양(漁陽), 우북평(右北平), 요서(遼西), 요동군(遼東郡)을 설치하여 흉노(匈奴)에 대비하였다"는 기록이 전한다. 연(燕)의 가장 동쪽에 있는 요동군에 대해서는 요하동쪽 혹은 서쪽에 있다는 설, 아예 유명무실하였다는 설 등으로 엇갈린다.[27)]

이와 같은 기원전 300년경 이후 고조선 관계기사와 관련하여 요령(遼寧)과 한반도 지역의 유적유물갖춤새로 주목되는 것으로 연(燕)

27) 權五重, 「고대 요동군의 위치문제 시론」, 『길현익교수정년기념논총』, 1996, 63-86쪽.
박대재, 『고대한국 초기국가의 왕과 전쟁』, 경인문화사, 2006.

계통의 철기 유물과 토착적인 청동 유물 갖춤새가 있다는 점이다. 전자는 그 대표적인 유적의 이름을 따서 연화보(蓮花堡)-세죽리(細竹里) 유형이라고 불리는데, 명도전(明刀錢) 화폐를 비롯하여 주조철기, 회색도기를 주요 갖춤새로 삼는다. 후자는 남성리(南城里)-연화리(蓮花里) 유형으로, 세형동검으로 대표하는 청동기와 점토대토기를 주요 갖춤새로 삼는다. 전자는 요동 지방에서 청천강 이북에 이르는 지역에 주로 분포하고 그 이남으로는 내려오지 않는다. 다만 연화보 세죽리 유형의 일부 철기문화 요소가 전래될 뿐이다. 후자는 청천강 이남의 대동강 유역과 금강 유역뿐만 아니라, 압록강과 혼강 유역, 송화강 유역, 연해주 지역 등으로 널리 분포한다.

우선 요동 지역에서 가까운 중국 동북 지방에서는 압록강 하류 유역에서 단동 관전현(寬甸縣) 조가보(趙家堡)와 집안 오도령구문(五道嶺溝門), 송화강 상류 유역에서 길림 화전현(樺甸縣) 서황산둔(西荒山屯)에서 조세문경 부장묘가 발견되었다. 모두 이 시기에 속할 가능성이 높은데, 앞서 설명하였듯이 이들의 조형(祖形)이 되는 청동기문화 유형은 기원전 4세기대에 천산산맥 이서의 요동 지역에 있었으며, 기원전 3세기대 연의 동진 무렵에 형성된 것이 이들 조세문경 부장묘로 추정된다. 이들 청동기 부장묘는 각각 고구려, 부여와 관련된 초기 '국'의 우두머리 무덤으로서 다음에 볼 대동강 유역과 금강유역 등지의 그것과 주된 동검 형식이 다를 뿐 동일한 조세문경을 최고의 위세품으로 한 다뉴경 부장묘와 성격이 같다.

압록강 이남과 청천강 이북 지역 사이의 지리적 공간에서는 연화보-세죽리형의 철기문화는 분포하지만, 압록강 이북에서 확인되는 대청산식, 고산리식은 물론 청천강 이남에 분포하는 괴정동식 세형동검의 청동기문화는 발견되지 않는 동검문화의 공백 현상이 확인된다. 현재로서는 연의 동진에 의해 초기 세형동검의 청동기문화의 유형이 이 지역을 지나 청천강 이남으로 이동하였다고 이해할 수밖에 없다. 이 공백 지대를 사이에 두고 양 지역에 공통적으로 고산리식이나 대청산식 동검이 확인된다. 그렇다고 한다면 전기 고조선의 청동기문화가 요동 지방에 위치하다가 그것을 계승한 문화 중의 한 계통이 청천강 이남으로 이동하였다고 보는 것이 가장 자연스럽다.

잘 알다시피 문헌사학에서 고조선의 중심지가 요하 유역에서 대동강 유역으로 이동했다고 하는 이동설과 초기부터 후기까지 요하 유역에 지속되었다는 재요동설, 그리고 대동강유역에 지속되었다고 하는 재평양설이 있다. 이동설과 재평양설의 관점에서는 단검과 다뉴경을 표지로 한 청동기문화, 재요동설의 관점에서는 명도전 관계 철기문화를 각각 후기 고조선의 것으로 해석할 수밖에 없다. 그중에서 요동지역의 다뉴경과 동검문화는 대동강 이남에서 계승했다고 보여지고, 이 지역으로 전 단계의 고조선의 중심지가 이동했다고 보는 이동설의 관점이 보다 설득력이 있다. 청천강 이북의 명도전 관계 유적의 주인공이 전혀 고조선계 주민이 아니라고 말할 수 없지만, 그렇다고 하여 명도전이 집중적이고도 대량 유포되는 권역을 연(燕)의 진출과 관계없다고 보기 어려운 것이다.[28)]

기원전 4세기 후반 연맹왕국 수준의 '국'으로 발전한 고조선은 연(燕)과의 대립에서 밀려 남쪽으로 이동하면서 '국'의 위상이 위축되었

---

28) 손량구, 「료동지방과 서북조선에서 드러난 명도전에 대하여」, 『고고민속론문집』 12, 과학백과사전종합출판사, 1990, 28-47쪽.
박선미, 「기원전 3-2세기 요동 지역의 고조선문화와 明刀錢 유적」, 『선사와고대』 14, 한국고대학회, 2000, 140-166쪽.
____, 「요하 이동의 明刀錢유적과 燕의 관련성 문제 검토」, 『전농사론』 7, 서울시립대 국사학과, 2001, 15-39쪽.

음은 물론이다. 그렇기 때문에 연으로부터의 망명 세력인 위만에게 고조선 준왕(準王)이 쫓겨 났다는 해석도 있다. 기하학무늬 동경의 거푸집이 발견되는 등 동검, 동경 등의 유물갖춤새가 확인되지만, 후기 고조선의 중심으로 추정하는 대동강 유역에 탁월한 다뉴경 부장묘는 아직 확인되지 않고 있다. '국'의 위상이 약화되더라도 이미 전 단계부터 연나라와의 상호 교류를 통해 철기문화를 수용하였으므로 종전의 청동기문화를 유지하면서도 고조선 우두머리 무덤의 부장품 갖춤새 또한 이에 따라 변화되었을 가능성이 높다.

전 단계의 정가와자 유형에 유사한 것은 남쪽으로 더 내려가 금강 유역과 아산만 일대에 위치한 남성리 유형에서 확인된다. 따라서 연의 침입 후 요동 지방 청동기 갖춤새를 계승한 청동기문화 유형의 중심은 서북한은 물론 서남한 지역에도 형성되었다고 볼 수 있다.

남한 지방의 정치체로서 문헌에 나타나는 것은 한(韓) 혹은 진국(辰國)이다. 금강과 삽교천 유역의 청동기를 통하여 이 지역에 한 혹은 진국의 중심세력이 자리잡아 요동의 고조선문화를 계승하였음을 알 수 있다. 이 지역에서는 대전 괴정동, 부여 연화리, 아산 남성리 등의 다량의 청동기를 내는 우두머리급의 다뉴경 부장묘가 서로 인접한 거리에 위치하고 있다. 이들 무덤은 요하 이동에서 이 단계에 들어와 가장 탁월한 청동기 부장묘로서, 이 구역에 중심된 '국'이 형성되었음은 앞서 십이대영자와 정가와자 유형의 그것과 동일한 근거에서 말할 수 있다.

이들 조세문경 부장묘가 위치한 지점은 서해안 당진만과 삽교천, 금강과 만경강 연변으로 서해안 교통로의 요충지로서, 특히 당시 보다 선진적인 중국 요동 지역과 해상을 통한 연안 교통에 유리한 곳이다. 한반도에서는 이 지역 못지않게 평남·황해도 서해안 지역도 요동과의 교통에 유리한 곳이다. 아직 확실한 1등급 다뉴경 부장묘가 발견되지 않았지만, 조세문경과 이를 계승한 세문경 부장묘로 볼 때 평남, 황해 지역에도 다뉴경을 표지적 유물로 하는 '국'이 자리했음을 추정할 수 있다.

충남 서해안과 요동 지역과의 교류는 이형 동기와 점토대토기 등이 양 지역에 같이 나오는 사실을 통하여 이미 지적된 바 있다. 다만 동검 · 동경 · 이형동기 각 부분에서 양 지역간에 형식적 차이가 있고, 추정 연대 상으로도 일정한 차이가 있다. 따라서 정가와자 유형의 문화가 충남 서해안에 직접적으로 유입되었다기 보다는, 간접적이거나 다소 시차를 두고 전이되었다고 보는 것이 옳다.

한편 이 지역에 토착적인 지석묘의 분포 지역은 기본적으로 세형동검단계의 청동기 밀집분포 지역과 서로 다른 것이 확인된다. 이 지역의 지석묘는 차령산맥 남쪽 보령 지역에 밀집하고 청동기 부장묘가 없는 반면에, 아산만의 예산, 아산 지역에는 청동기 부장묘가 분포하는 대신 지석묘 숫자가 드물다는 것이다. 이는 앞서 요동 지역에서 다뉴경 부장묘와 지석묘 분포 지역이 각각 다른 것과 그 양상이 비슷한 바, 기본적으로 양자가 각기 다른 지리적 위치에 처할 수밖에 없는 사회경제적 기반에 근거한 것으로 추정된다.[29)]

이러한 사실에 대하여 기원전 3세기 세형동검 단계에 들어서서 보령 지역에는 전 단계까지 있었던 인구 집단이 자취를 감추고, 그 대신 서산 지역에 새로운 인구 집단이 들어섰다고 해석할 수도 있다. 그러나 그렇게 설명하는 것보다는 상호 일정한 기간 동안 각각 다뉴경 부장묘로 대표되는 '국'과 지석묘로 대표되는 '국' 이전의 일반 읍락 혹

---

29) 鄭進明, 「금강유역권 세형동검문화의 연구」, 충북대학교 석사학위논문, 2000.

은 촌락이 병존해 있었다고 보는 것이 자연스럽지 않을까 한다.

앞서 보듯이 한반도의 여러 지역의 조세문경 부장묘 집단과 이들 집단이 문헌기록상에 각기 다른 이름으로 규정되는 것으로 이해된다고 하더라도, 동검과 동경의 청동기 갖춤새를 공통으로 갖추고 있는 것이다. 더 멀리 떨어졌으나 연해주와 한반도 지역의 청동기 간에는 세형동검, 조세문경 사이에 형식의 유사성이 높아 직접적인 교류가 있을 가능성이 높다. 여하튼 다뉴경과 동검을 표지로 하고, 이를 표상(表象)으로 하는 전통을 수용한 계승한 지역 집단이 서로 멀리 떨어진 이들 여러 지역에 존재하였다는 사실이 주목된다. 바꾸어 말하면 각기 다른 지역 집단의 우두머리이지만 전기 고조선과 동일한 지배 이데올로기를 갖고 있다는 것이다. 이러한 사실이 중국 동북지역과 한반도의 다수의 '국'이 고조선의 지배 이데올로기를 공유하는 상호 동질적인 지역 집단임을 입증해 주는 것이라고 추정된다.

기원전 4-3세기경의 조세문경 부장묘는 한반도 동남부에서는 발견되지 않는다. 이는 다뉴경을 권위의 상징으로 삼는 우두머리의 출현이 아직 이 시기에 나타나지 않고, 전 단계의 지석묘 피장자를 우두머리로 삼는 국 이전 사회가 지속되었음을 시사하는 것이겠다. 물론 지석묘 사회에 일찍부터 청동기가 보급되었음은 상주, 김천, 청도, 창원 등지에서 발견되는 비파형동검으로 미루어 짐작할 수 있다.

4. 세문경의 사회

1) 세형동검 후기 전반(기원전 3세기 후반-2세기 初)

기원전 3세기말 진한(秦漢) 교체기에 요동 지역을 둘러싸고 급격한 정세의 변화가 있었다. 연나라의 수도를 공략한 진나라는 요동에 피신한 연왕(燕王) 세력을 축출하고 이 지역을 장악한 것이다. 요동 지역에 발전하였던 연나라 명도전 관련 연화보-세죽리 유형의 철기문화는 변화를 겪게 된다. 이 때에 연나라 시스템에서 유지되었던 명도전의 화폐 기능이 상실되면서 퇴장되었을 가능성이 있다. 물론 기원전 3세기 중반과 후반 초에는 여전히 명도전 관련의 동 유형의 문화는 이 지역에 존속된 것으로 이해된다. 고조선계 청동기, 점토띠토기의 갖춤새와 연나라 계통의 철기, 회색도기의 갖춤새가 융합된 본계 상보촌(上堡村) 무덤 유적을 표지로 한 상보촌 유형의 문화가 이 단계에 요동 지역에 존재하는 것도 확인된다. 그러한 문화를 담당한 지역집단이 전기 고조선체가 붕괴된 이후 이 지역에 잔류했던 고조선계 주민들, 뒤에 볼 위만이 이끄는 세력 집단일 가능성이 높다.[30)]

『사기(史記)』에는 "진(秦)이 천하를 통일한 뒤에 몽염(蒙捻)을 시켜서 장성을 쌓게 하여 요동(遼東)까지 이르렀다. 이때에 조선왕 부(否)가 즉위하였는데, 진(秦)의 습격을 두려워하여 진에 복속하였다"고 전한다. 이 기록을 통하여 요동 지역은 연(燕)에 이어 진(秦)대에 들어와서도 여전히 중원 지역의 지배하에 놓이고, 그 이남에 고조선이 위

---

30) 趙鎭先, 「중국동북지역의 청동기문화와 고조선의 위치 변동」, 『동양학』 56집, 단국대학교 동양학연구원, 2014.

치하였음을 간접적으로 확인할 수 있다.

이 단계에 고조선은 기원전 3세기 전반에 중심지 이동에 따른 정비 과정을 거쳐 체제를 발전시킨 것으로 보인다. 진(秦)나라에 복속하였다는 사실이 기록되었다는 것은 역설적으로 말하면 대제국 진나라와 정치외교적 관계를 맺은 주체로 성장하였음을 보여주는 것으로 고조선 '국'의 체제는 연맹왕국 수준 이상을 발전하였을 것으로 보인다.

그러나 고조선 왕의 무덤으로 추정할 만한 수장묘급 무덤은 아직 확인되지 않고 있다. 최고의 수장묘는 종전의 다뉴경 부장묘가 아닐 가능성이 높다 하겠다. 대동강 유역에서 차마구와 철기를 부장한 무덤이 이 단계의 고조선에 해당될 가능성이 있으나, 아직 확인되지 않고 있다. 따라서 지금까지 발견된 정황을 미루어 볼 때 이화동 유형에 속하는 황해 송산리와 함흥 이화동의 다뉴경 부장묘는 고조선 연맹왕국의 주변 '국' 혹은 읍락을 다스리는 수장의 무덤에 해당되는 것으로 이해된다.

대동강 유역에서 세문경 단계의 이화동 유형의 청동기가 생산되었음은 이 지역에서 발견되는 동과, 동검 등의 거푸집으로 미루어 짐작할 수 있다. 정교한 선으로 새겨진 기하학적 무늬의 세문경은 그 제작에 고도의 전문적인 기술이 동원되어야 하므로, 그러한 세문경이 제작된 공방은 곧 당시로는 최첨단 산업의 중심지이며, 이를 운영 관리하기 위해서는 사회, 정치, 경제적으로 중요한 거점지일 수밖에 없다. 문헌기록과 그에 근거한 해석으로 기원전 3세기대에 고조선의 중심이 대동강 유역에 있다 하고, 세문경, 동과가 기원전 3세기 후반으로 그 상한이 올라갈 수 있다고 하면 그와 같은 첨단기술제품의 공방과 이를 뒷받침하는 시스템이 이 지역에 있었을 가능성이 높다.

기원전 3세기말 부왕 때 고조선이 진나라와 정치외교적 관계를 맺었다는 사실을 간접적으로 뒷받침하는 증거 중의 하나로서 평양에서 발견된 진의 명문(銘文) 있는 동과가 있다. 또한 중국 연하도(燕下都)의 신장두(辛莊頭) 무덤에서는 세형동과가 발견된 바 있어서, 이러한 예를 통하여 그 교류의 구체적인 방식은 어떻든 간에[31] 전국말(戰國末) 혹은 진대에 양 지역 집단 '국' 간의 교류를 간접적으로나마 확인할 수 있다.

요동 지역에는 연(燕)의 세력이 재건되고, 진(秦)의 뒤를 이어 중원을 지배한 한(漢)나라의 고조(高祖)는 『사기(史記)』에 따르면 "노관(盧綰)을 연(燕)나라 왕으로 삼고, 조선은 패수(貝水)로써 연(燕)나라와 경계를 정하게 되었다"고 전한다. 그러나 한나라가 이민족 세력을 축출하려는 움직임이 있자, "노관(盧綰)은 흉노(匈奴)로 들어가게 되었으며, 연나라 사람 위만(衛滿)은 호복(胡服)을 입고 패수(貝水)를 건너서 준(準)에게 투항하였다"고 기록하고 있다. 진나라와 한나라 초기까지도 유지되었던 연나라의 말기적 전통과 시스템이 이 기록에서 보는 것처럼, 노관(盧綰)과 위만(衛滿) 세력의 망명으로 완전히 와해되면서 비로소 명도전을 통한 유통시스템이 붕괴되었을 가능성도 배제 못하나, 앞서 지적했듯이 진나라 때 연이 붕괴될 때, 그렇게 되었을 가능성이 더 높다 하겠다.

그리고 "위만(衛滿)이 국경의 초소를 빠져나와 패수(貝水)를 건너 진(秦)국의 옛 공지(空地)인 상장(上障)과 하장(下障) 지역에서 진번(眞番)과 조선(朝鮮)에 속해 있었다"고 기록하고 있다. 그리고 "준왕(準王)은 그를 박사(博士)로 삼고 규(圭)를 하사하였으며 1백리의 땅을 봉지(封地)로 주어 서쪽의 변경을 수비"하도록 하였는 바, 이와 관

31) 李淸圭, 「韓中交流에 대한 고고학적 접근- 청동기시대부터 철기시대까지」, 『한국고대사연구』 32, 2003, 95-130쪽.

련해서 압록강 이남과 청천강 이북의 공간이 주목된다.

기원전 3세기 전반대에 청천강 이남의 세형동검문화는 그 이북을 넘지 못한다. 또한 압록강 이북에 주로 분포하는 고산리식, 대청산식의 세형동검문화가 그 이남에 발견되지 않은 것은 앞서 말한 바와 같다. 또한 연화보-세죽리 유형의 철기와 명도전 화폐 유물이 대량 퇴장(退藏)한 유적이 많이 발견되는 점에서 앞서 청천강 이북과 이남 지역은 차이가 난다. 상대적으로 압록강과 그 이남의 청천강 이북에 걸치는 지역은 동 유형의 철기 유물이 분포하는 점에서는 같다. 이를 정리하면 전 단계에 연의 영향이 이 지역까지 파고들고 명도전을 화폐로 하는 연(燕)의 유통 시스템이 조성되었지만, 연이 멸망한 후 진나라 때 이 지역은 변방 혹은 공지(空地)로 남았고, 일종의 완충 지대로서 그 남쪽 고조선의 세형동검문화도 북상하지 못한 것이다.

그러한 상하장(上下障)의 공지 혹은 공백지대에 앞서 보듯이 요동지역의 상보촌(上堡村) 유형으로 상징되는 위만 집단이 일시적으로 거주한 고조선의 변방으로 이해된다. 위만세력이 변방에 머물었던 기간에 대해서는 정확한 기록에 없지만, 같은 준왕 때 변방에 자리하다가, 다시 준(準)을 내몰고 왕위에 올랐으므로, 기껏해야 수년의 기간이었음을 짐작할 수가 있다. 따라서 당시의 물질 문화를 남길 여유를 갖지 못하였으며, 우두머리급의 무덤이 조영될 수도 없었던 것이다.

2) 세형동검 후기 후반(기원전 2세기)

위만조선과 관련하여 주목되는 것은 위만(衛滿)이 "한(漢)나라 병사들이 쳐들어오니, 숙위(宿衛)하기를 청한다고 말하고 준(準)을 공격하였다. 준(準)은 만(滿)과 더불어 싸웠으나 상대가 되지 못하였다." 고 하는 삼국지 '위략(魏略)'의 인용 기록과 "진번조선(眞番朝鮮)의 만이(蠻夷)와 옛 연(燕), 제(齊)의 망명자들이 그를 왕으로 삼으니 왕검(王儉)에 도읍하였다."는 사기 조선열전(朝鮮列傳) 기록이다.

위만이 왕검이 있었다고 하는 대동강 유역에서 준왕(準王)을 대신하여 고조선을 이어받았다는 위의 기록을 고고학적으로 설명할 때 우선 위만 집단이 들여온 외래 문화와 기왕에 형성된 준왕의 고조선 토착 문화가 어떻게 융합될 것인가 문제가 된다. 앞서 지적하였듯이 요동 지역에서는 전국계 철기와 세형동검, 그리고 타날무늬 도기와 점토대토기가 공반되는 상보촌 유형이 분포하며, 그것이 위만 세력을 구성하는 하위 집단의 고고학적 문화로 보인다.

한편 청천강 이남에서는 세문경과 동검, 동과를 표지로 한 송산리 유형이 존재하고 진나라 동과로 상징되는 진(秦)의 문화 요소가 유입되어 있다. 따라서 위만조선은 이와 같이 상보촌 유형과 송산리 유형에 새로운 연과 진 계통의 문화 요소를 융합한 물질문화를 그 고고학적 기반으로 삼은 것으로 추정된다. 결국은 연과 고조선 전통의 문화를 복합한 다음, 그 위에 다음에 볼 것처럼 한대 철기문화가 새로 수용되어 이룩된 것이 위만조선의 고고학적 문화인 것이다.

사기(史記)에는 "효혜(孝惠) 고후(高后) 때에 요동태수(遼東太守)는 곧 만(滿)을 외신(外臣)으로 삼을 것을 약속하고, 만(滿)은 병위재물(兵威財物)을 받았으며, 그 옆의 소읍(小邑)과 진번(眞番) 임둔(臨屯)을 모두 복속시켜 방수천리가 되었다."라는 기록이 전한다.

위만 세력은 전기 고조선의 고지(故地)인 요동(遼東)에 있을 때, 이미 전국계(戰國系) 철기 생산의 노하우를 터득하였음은 앞서 본 바와 같다. 그리고 위의 기록에서처럼 기원전 2세기 초반에 위만이 한으로

부터 병위 재물을 받았다 하였을 때, 그것은 당연히 철제 무기임에 틀림없다. 한대 철기는 전국(戰國) 철기가 주조 제품인 것과 달리 단조와 강철 제품이 많다. 위만조선은 아직 자체적으로 대량 생산을 하는 체제를 갖추지 못하였을 것이지만, 한나라의 철제 무기 등의 보급에 힘입어 상당한 수준으로 철기를 발전시켰으리라 생각된다.[32)]

또한 앞서 기록에서처럼 임둔, 진번을 복속시키는 것 이외에, 위만조선은 주변의 나라가 한과 통교하는 것을 통제하고, 예군(濊君) 남려(南閭)가 그 압력을 못이겨서 그에 대항하여 한에 투항할 정도로 강대하였다. 또한 한과 2년 전쟁을 수행할 정도로 위만조선 '국'은 단순한 연맹왕국의 수준을 넘어 정복적인 성격이 강한 정복왕국의 '국'까지 발전한 것으로 이해된다.

이러한 정복 왕국의 성격을 가진 '국'의 우두머리는 이제 더 이상 다뉴경을 위세품으로 한 단순한 사제왕이라고 보기 어려운 것은 물론이다. 이는 연맹왕국 단계에 이른 기원전 4세기대 후기 고조선 단계부터 그랬으리라 짐작된다. 다뉴경 등의 청동기를 위세품으로 소유한 국의 우두머리는 초기 단계 '국'의 수장이다. 정복왕국 '국' 단계에 이르러서는 하위 읍락이나 촌에 지나지 않는다. 함흥 이화동, 송산리 다뉴경 부장묘의 피장자는 위만조선의 지배를 받는 하위 토착집단 '읍락' 이하의 우두머리로 이해된다는 것이다.

대동강 유역에서 발견되는 정백동과 태성리의 단조 철기 부장의 목곽묘가 기원전 2세기대 이전으로 주장되기도 한다.[33)] 나아가 그 영역

---

32) 崔夢龍, 「위만조선」, 『한국고대국가형성론-고고학상으로 본 국가』, 서울대학교출판부, 1997, 203-279쪽.
병위재물의 기록을 근거로 철기 보급을 지나치게 확대 해석할 필요가 없다는 의견도 있다.(李南珪, 「낙랑지역 한대 철제병기의 보급과 그의미」, 『낙랑문화연구』, 동북아역사재단 연구총서 20, 2006.)

을 청천강 넘어 요동으로까지 확대하여 그 지역에서 확인되는 명도전 관계 유물의 주체가 위만조선이라고 주장한다. 그러나 한나라 시스템을 수용하였을 위만조선이 연나라 화폐인 명도전을 활용하리라 보기 어렵다. 그리고 앞서의 목곽묘 자체가 위만조선 단계로 볼 편년적인 증거가 현재로서는 제시되지 못한다. 그렇지만, 기원전 2세기대의 위만조선의 최고 수장급 무덤이 다량의 철기를 부장한 목곽묘일 가능성은 충분히 있다고 보여진다.[34)]

정백동과 반천리에서 발견되는 세문경의 예에서 보듯이 후기 고조선 말에 제작된 청동기 갖춤새는 기원전 2세기대에 지속적으로 발전하는 것이 확인된다. 그러한 세문경 문화가 서북한 지역에서 소멸되는 것은 기원전 2세기말 경이다. 그렇게 단정지을 수 있는 것은 기원전 1세기경 전한경을 비롯한 한식 유물과 철제 무기들이 이 지역에 대량 출토되면서, 세문경은 거의 확인되지 않기 때문이다. 기원전 108년경 한군현(漢郡縣) 하에 들어간 후 한의 문화가 급격히 들어오고 전통적인 문화가 위축되는 바, 다뉴경을 상징으로 한 제사장적 성격의 엘리트는 더 이상 존재하지 않게 되는 것이다.

사기에 "준(準)이 연국(燕國)으로부터 망명온 위만(衛滿)에게 공취되자 그의 좌우 궁인(宮人)을 데리고 바다로 도망하여 한(韓) 땅에 가서 살면서 스스로 한왕(韓王)이라 하였다."고 전한다. 준왕이 다스리던 고조선이 이미 철기를 제작할 가능성이 충분히 있지만, 청동기를

33) 리순진, 「평양일대 나무곽무덤의 성격에 대하여」, 『조선고고연구』 1996-1, 사회과학원고고학연구소, 1996, 3-10쪽.
정인성, 「위만조선의 철기문화」, 『백산학보』 96, 2013.

34) 오영찬, 『낙랑군연구』, 사계절, 2006.
이후석, 「요동-서북한지역의 세형동검문화와 고조선」, 『동북아역사논총』 44, 동북아역사재단, 2014.

제작하는 기술도 고도로 발달하였음은 물론이다. 따라서 좌우 궁인으로 기술되는 준왕 추종 세력 중에 청동기 제작 장인이 포함되고 있다고 한다면, 세문경의 유물갖춤새가 서남한을 중심으로 분포하는 현상을 그러한 고조선 준왕의 남천(南遷)과 맞추어 볼 수 있다. 이는 기원전 3세기 연의 동진에 따른 후기 고조선의 남하가 세형동검 전기 문화 유형의 이동과 맞물리는 사실에 비견된다.

금강과 삽교천 유역의 남성리 유형이 준의 남천과 관련이 있다고 보는 견해도 있지만 실연대상의 차이가 있어 이를 인정하기 어렵다. 실연대상으로 서로 맞아떨어지는 것은 세문경, 동과 등으로 대표되는 대곡리 유형의 청동기 갖춤새인 것이다. 앞서 보듯이 기원전 3세기말에 세문경을 주요 갖춤새로 하는 청동기문화 유형은 준왕 이전에 대동강 유역에 보급된 것으로 추정되고 있다.

세문경의 다양한 형식이 각 지역에서 다원적으로 발생할 가능성도 있지만, 그러나 그 제작 기술의 고도 전문성과 무늬 형식의 유사성은 단순한 상호 모방의 결과로만 보기 어렵다. 적어도 그 중 더욱 정교한 청동기 제품은 일정 지점에서 처음 생산되고 그 제작 기술이 확산된 것으로 보인다. 특히 외, 중, 내구의 삼중원권의 세문경 형식에서 보이는 각종 단위 문양의 복합 표현 기술은 단순 모방으로 보기 어려워 이 형식의 다뉴경이 각기 다른 지역에서 출토되는 것은 일정 지점에서 생산되어 확산된 결과일 가능성을 시사한다.

그러한 세문경 자체 생산의 증거가 확인되는 것은 현재로서는 남한 지역 내에서 대곡리 유형의 중심지인 금강, 만경강, 영산강 유역이다. 특히 외구에 동심원문이 장식된 다뉴경은 이 지역에 한정하여 분포하므로 더욱 그러하다. 상황이 그렇다고 한다면 이 지역의 청동기는 그 시초에는 대동강 유역으로부터 파급되었다고 보는 것이 자연스럽다.

그러한 첨단기술의 장인 집단이 이동하였다고 한다면 그것은 '지역'국 이상의 중심지 이동에 버금가는 것이라고 볼 수도 있다. 대동강 유역으로부터 금강, 만경강, 영산강 유역으로의 기술자 이동은 기원전 2세기초 전후로 시기에 준왕의 남천 관련 기사와 관계가 있을 가능성이 높은 것이다. 그러나 준왕이 남천한 곳이 막바로 이 지역이라는 것은 아니다. 다만 이 지역을 포함한 한반도 서남부 어느 곳인가 고조선 '국'의 왕과 그 일행이 망명하였음을 긍정적으로 검토할 수 있다는 것이다.

평남 황해 지역과 충남 전남북 지역이 중국 동북 지역에서 한반도로 이어지는 서해안의 원거리 교통로의 요충지이다. 다른 식량 자원의 생산과 획득에도 유리한 환경을 구비하고 있어서도 그러하지만, '국'이 성장 발전한 것은 역시 원거리 교역망에 유리한 위치에 있기 때문인 것으로 풀이된다.

다뉴경을 부장한 수장급 무덤의 분포가 이를 뒷받침하여 주는데, 우선 부장 유물의 수량과 종류로 보아 1등급에 속하는 다뉴경 부장묘는 전남 영산강 유역인 함평 초포리, 화순 대곡리에서 확인된 바 있다. 이 지역은 전단계에 조문경이 발견되지 않은 곳이나, 서해안에서 남해안, 그리고 일본으로 연결되는 교통로의 중심에 있다.

전남 서해안의 영산강 유역에서는 이처럼 최대급의 다뉴경 부장묘가 분포할 뿐만 아니라, 다량의 청동기 거푸집이 영암에서도 발견되고 하여 한반도 제일의 청동기 제작 센터가 자리잡았음을 알 수가 있다. 이와는 대조적으로 바로 인접한 전남 동부의 보성강 유역과 남해안 지역에는 같은 단계에 동경은 물론 청동기 부장묘가 거의 발견되지 않고 있다. 그 대신에 전남 동부 지역에는 우리나라에 가장 지석묘가 밀집 분포하고 있음으로서 양 지역이 대조를 이루고 있는 것이다.

이는 기원전 2세기를 전후한 시기에 영산강 유역에는 '국'이 성장 발전하였지만, 보성강 유역은 '국' 이전 단계의 읍락사회의 수준에 머물고 있음을 시사해주는 것이 된다.

한편 다뉴경 부장묘가 발견되는 동해안의 함흥만은 옥저가 성장한 지역으로 위만조선 지역에 근접하면서 동해안 남부 연안 항로를 따라 일본으로 넘어가는 교통 요충지에 있다. 강원 동해안 지역은 후에 동예(東濊)가 성장한 터전인데, 동경 부장묘가 그 지역의 양양 정암리(釘岩里)에서 발견되었다. 영산강 유역 등의 서해안 지역에 미치치 못할지 모르나, 일단 지구 '국'이 성장하였다고 보아도 좋겠다.

바다 건너 일본의 경우 한반도를 마주 보는 규슈 후쿠오카 요시다케사카키(吉武高木), 사가현 우키쿤덴(宇木汲田), 혼손모리(本村籠), 마츠다(增田), 사도다바루(里田原) 그리고 야마쿠치 가지구리야마(米栗浜)에서 동경 부장묘가 발견되었다. 이들 지역은 기본적으로 한반도와의 교류 거점이면서 일본 고대 국가가 성장 발전한 긴키로 이어지는 세도나이해 길목에 있는 지점에 위치한다. 역시 동경을 위세품으로 한 사제왕(司祭王)이 다스리는 일본 최고(最古)의 국이 이 지역에 등장하였음을 알 수가 있다.

소백산 이남의 영남 지역의 경우 지금까지 기원전 2세기대 1-2등급의 세문경 부장묘로 전하는 예는 없다. 다만 발견 경위가 확실하지 않으나 영남 북부의 낙동강 상류 지역인 상주에서 동 단계에 속하는 팔주령(八珠鈴), 이두령(二頭鈴), 간두령(竿頭鈴) 등의 청동방울 세트가 발견된 바 있다. 이들 청동방울은 호남 지역에서는 세문경 부장묘에 함께 묻힌 예가 있으므로, 함께 부장된 무덤에 속했던 것일 가능성을 전혀 배제 못한다.

또한 동 상주 지역은 영남 지역 중에서도 추풍령과 화령 등의 낮은 고개를 통하여 다뉴경 부장묘의 중심지인 금강 유역과도 쉽게 왕래할 수 있는 위치에 있다. 이러한 고고학적 상황과 지리적 위치를 고려할 때 영남에서 가장 이른 '국'이 이 지역에 형성되었을 가능성이 충분히 있다 하겠다.

경주에서는 동쪽 주변인 입실리에서 다뉴경이 부장되었다고 전하는 청동기 부장묘가 발견된 바 있다. 그러나 한대 철기와 차마구가 함께 출토하였다고 하므로, 공반관계가 확실하다면 그것은 기원전 1세기 이후 것으로 추정되는 바, 다뉴경 부장묘로서는 가장 늦은 단계의 것으로 추정된다. 이 동경 부장묘를 역시 국의 우두머리 무덤이라고 한다면 경주에는 기원전 1세기대에 '국'이 형성된 것으로 인정할 수 있는 것이다.

결 론

다뉴경은 구리 주석의 청동 합금으로 제작된 평면 원형의 거울로서 주연부를 갖추었는데, 뒷면에 각종 기하학 무늬를 장식하고 2-3개의 꼭지를 특징으로 한다. 지금까지 중국 동북 지역-한반도-일본열도에 걸쳐 총 120여점 발견되었으나 그중 3분의 2인 80여점이 한반도에서 발견되었다.

이와 유사한 기하학 무늬 청동거울은 중국 황하 유역과 서북 지역에서 그 사례가 있다. 그러나 동 거울들은 꼭지가 1개이고, 문양 또한 다뉴경의 이른 형식인 Z자 무늬와 다른 성형문 등으로 그 조형이라고 인정하기 어렵다. 남부 시베리아와 내몽고 등의 북방 지역에서는 청동거울에 기하학 무늬를 장식한 사례가 확인되지 않는다.

거울의 형식은 배면의 문양을 따라 크게 조문경, 조세문경, 세문경 혹은 A형, B형, C형으로 분류된다. A형은 Z자문 혹은 번개무늬를 거울 전면에 장식된 것이며, B형은 엽맥문, 성형문, 원권문, 격자문, 수금문 등 다양한 문양이 장식된 것이다. C형은 반원형 단면 주연부에 2구 혹은 3구를 기본으로 한 구획에 앞서 B형의 삼각 거치문을 단위 문양으로 수용한 것으로, 간혹 동심원문 등의 다른 단위 문양을 채택하기도 한다. 다뉴경의 상위 형식인 이러한 A, B, C형의 시간적 변화는 비파형 동검 전후기, 세형동검 전후기별로 뚜렷하고, 공간적으로도 요서 지역과 요동, 길림 연해주, 한반도 서부와 동부, 그리고 일본열도 별로 일정한 분포상의 차이를 보인다.

조문경, 조세문경, 세문경은 각각 중위와 하위 형식으로 세분할 수 있는데, 기본적으로 장인 집단간의 정체성과 그 상호 교류 관계를 반영한 것이라고 이해된다. 특히 세문경의 경우 외구의 삼각거치문대는 그 내부에 평행집선의 시문방식에 따라서 4개의 중위형식으로 구분되는 것이 주목되는데, 각 중위 형식별로 중내구에 장식된 단위 문양의 조합에 일정한 경향성을 보여준다. 그러한 일정한 경향성을 통해서 한반도와 일본의 장인집단 계통과 제작지, 그리고 그 유통망을 설명할 수 있다. 특히 서북한과 서남한 지역을 중심으로 여러 하위형식이 제작되어 주변으로 유통되는 현상이 주목되는 바, 이는 당시 일정한 우두머리가 주도하는 정치체 혹은 '국'의 상호 교류 네트워크와 관련 있는 것으로 이해된다.

두말할 것도 없이 다뉴경은 전문적인 장인이 거푸집을 통해 제작하여 주조하였는 바, 대체로 거푸집은 A형과 B형은 석제, C형은 토제라는 것이 일반적인 견해이다. 실제로 거울의 실물이 전하는 B형의 사례를 보면 석제품이다. 전 영암 일괄 석제 거푸집에 C형의 주연부와 꼭지를 조각한 시험품 사례가 있지만, C형의 경우 문양이 정교하고 복잡하여 토제 거푸집 표면에 새기거나 밀랍 제품을 원형으로 하여 본을 따 제작하였으리라는 의견이 지배적이다. 그렇지만 무형 문화재 전문장인에 의해 실험한 바에 따르면, 입자가 매우 곱고 고른 활석의 거푸집을 사용할 경우 오히려 정교한 문양을 새기는 작업이 더욱 용이하다고 하는 바, 세문경의 상당수는 활석제 거푸집으로 제작하였을 가능성이 충분히 있다.

거푸집에 부어 넣는 다뉴경의 청동합금 성분에 대해서는 전 논산 출토 거울의 수십 편 시료를 분석한 결과 구리와 주석의 비율은 7:3이라는 사실이 확인되었다. 이는 중국 고대문헌에 금유육제에 기록된 최상의 거울 합금 비율의 그것과 같아 청동거울에 대한 깊은 이해가 다뉴경 제작 장인에게 있음을 알 수 있다.

다뉴경의 쓰임새에 대해서는 고대기록이나 민족지 자료로 보아 중국과 북방 시베리아 지역에서 고대에 사용된 거울과 일정한 유사성을 확인할 수가 있다. 중국기록에서는 오목거울의 양수와 볼록거울의 음수와 관련된 내용이 있고, 거울 실물 자체에 일월지신의 명문을 사용한 사례가 적지 않다. 시베리아 남부와 중국 동북 지역 원주민의 근대 사만의 복장에는 소형, 중형, 대형별로 매단 위치가 상이한 거울의 사례가 있다. 우리나라에서도 무당의 무구 중에 명도라 하여 해 달과 별을 상징하는 유사 동경이 있고, 신당에 모셔 예배의 대상으로 삼는 경우가 있다. 이러한 사례로 보아 다뉴경 또한 해와 달을 상징하는 신기 혹은 무구로서, 제사장이 소유하고 의상에 부착하였을 가능성이 많다.

발견된 대부분의 다뉴경은 무덤에 부장된 상태로 발견된다. 그러나 같은 동경이라 하더라도 부장품으로서의 성격은 크게 위세품과 주술 신앙의 매체로서의 성격을 동시에 갖고 있다. 그것은 부장상태로 미루어 짐작할 수 있다. 전자의 경우 완형경 상태로 매납이 되지만, 후자의 경우 파경 상태로 부장되는 것이다. 대체로 상위 신분의 무덤일수록 그리고 연대가 올라갈수록 완형경이 출토하는 사례가 대부분이고, 하위 엘리트의 무덤일수록 그리고 연대가 떨어지는 세문경일수록 파경의 사례가 많은 것이다. 그것은 곧 위세품적인 성격만이 강조되다가 후대로 가면서 주술적 성격이 더욱 강조된다는 것을 의미한다.

동경의 크기와 부장 매수는 다른 무덤의 청동기 부장품의 종류와 양과 의미 있는 상관 관계를 갖고 있으며, 동경 부장묘는 동경이 부장되지 않는 무덤보다 부장 갖춤새가 우월하여 지배 엘리트 무덤으로 추정된다. 그러한 엘리트가 묻힌 동경 부장묘는 다시 3개 등급으로 위계화(位階化)할 수 있다. 조문경 부장묘의 1등급은 동경, 무기, 공구(工具), 마구(馬具) 등이 부장된 무덤이고, 조세문경 부장묘의 1등급은 청동거울과 무기, 공구와 함께 이형동기(異形銅器)가 부장된 무덤 그리고 세문경 부장묘의 1등급은 동경과 무기, 공구 등과 함께 청동방울이 부장된 무덤이다.

앞서 지적하였다시피 다뉴경을 소유한 사람은 집단 구성원을 아우르는 종교적 엘리트 혹은 사제왕으로서 다뉴경 부장묘는 결국 다뉴경을 표지로 한 청동기사회로서 종전까지 읍락사회에 머무른 집단이 일정한 지도가 다스리는 '국' 사회로 이행하였음을 시사한다. 다뉴경 부장묘의 등급은 같은 국이라 하더라도 소국연맹에 버금가는 수준의 국에서부터 읍락 수준에 이르기까지의 각기 다른 수준의 국의 규모에 대응되는 것으로 이해할 수 있다. 한편으로 초기의 '국' 단계를 벗어나 '국'이 연합하고 성숙 발전된 국가 사회의 최고의 우두머리 무덤에는 다뉴경 등의 청동기를 부장하지 않은 것으로 판단된다.

이러한 다뉴경 부장묘에 대한 이해를 고려할 때 문헌 기록을 통하여 고조선의 중심이 이동되었다고 하는 보는 관점이 다뉴경 각 형식의 시간에 따른 분포 상황의 변천 과정과 서로 잘 어울린다. 조문경 전기 단계인 기원전 8세기 전후하여 대릉하(大凌河) 유역 중류에 형성되어, 조문경 후기 단계인 기원전 6-5세기경에는 요하(遼河) 중류지역으로 다뉴경 부장묘는 확산된다. 그리고 조세문경 단계인 기원전 4-3세기경에는 압록강과 대동강, 금강 유역 등으로 확산되는 바, 발견되지 않았지만 이 단계 초기 요하 이동에서 압록강 이북에 이르는 지역에 그 조형(祖形)이 있었으리라 짐작된다. 세문경 단계인 기원전 2세기경 전후에는 새로운 중심이 대동강 유역을 비롯하여 영산강 유역과 일본 규슈 지역 등지에 등장한다

각각의 1등급 무덤이 있는 지점을 보면, 조문경 단계에는 대릉하(大陵河)와 요하(遼河)하류 동쪽, 조세문경 단계에는 금강(錦江)과 삽교천, 세문경 단계에는 영산강 하류에 위치하는바, 대체로 황해에 면한 서해안 지역으로서 중요 교통 지점에 있다. 즉 대릉하(大陵河)와 요하(遼河) 중류는 요서(遼西)와 요동(遼東), 요북(遼北)과 요남(遼南)의 교차 지점이고, 금강과 삽교천은 요동문화가 한반도 남부로 유입되는 관문지역, 그리고 영산강 하류는 서해안에서 남해안과 일본으로 가는 길목에 있다. 이 지역이 결국 요하 유역에서 한반도 남부, 일본열도로 연결되는 연안 교통로의 중요 거점으로 각각 서로 다른 시기에 고조선(古朝鮮)과 진국(辰國) 혹은 한(韓) 등 중요 소국(小國)의 국읍(國邑)이 자리 잡았던 곳과 연결된다.

2등급 동경 부장묘가 있는 지점은 압록강(鴨綠江)과 연해주, 원산만과 일본 규슈 등지로 대체로 앞서 1등급보다는 한 단계 낮지만 역시 중국 동북부, 한반도, 일본으로 연결되는 동아시아의 중요 교통 거점에 위치한다. 이 지역은 주지하다시피 후대에 각각 고구려(高句麗), 옥저(沃沮), 왜(倭) 등의 중요 초기국가 혹은 지역 집단 연맹체를 형성했던 토착 세력이 위치하던 곳이다. 다음 3등급의 동경 부장묘가 있는 지점은 이들 1, 2등급 부장묘가 있는 중요 거점지역에서 2차적으로 확대 전개된 새로운 세력 중심지로서 역시 거점 집단이 있었던

곳이다.

요약해서 말하면 동북아시아에서 다뉴경을 표상으로 한 '국'이 기원전 9-8세기경에서 고조선 사회의 중심으로 시작하여 주변 지역으로 확산된다. 기원전 3-2세기경 후기고조선-위만조선 단계에는 동진하여 한반도 남부와 일본에까지 이르는 바, 그것이 곧 '국' 사회의 확산으로 추정할 수 있는 것이다. 고조선이 지역 '국' 단계를 지나 연맹왕국, 나아가 정복왕국의 '국'으로 이행할 때에 주변에 나름대로 새로운 중심이 들어서고 '국'으로 발전하였음이 다뉴경 부장묘를 통해서 확인된다.

찾아보기

〈ㅈ〉

〈ㅊ〉

〈ㅌ〉

〈ㅍ〉

이청규
대전 출생으로 서울대학교 고고학과를 졸업하고 서울대학교 대학원에서 박사학위를 취득하였다. 이후 서울대박물관, 호암미술관 연구원과 제주대학교 사학과 교수 등을 역임하였고 현재 영남대학교 문화인류학과 교수로 재직 중이다. 저서로는 『제주도 고고학연구』, 번역서로 『고대문명의 이해』(스카레와 페이건 공저), 논문으로 「영남지방 청동기문화의 전개」, 「청동기를 통해 본 고조선과 주변사회」, 「한중교류에 대한 고고학적 접근」, 「한국고고학 50년연구사」 등이 있다.

다뉴경과 고조선

2015년 3월 2일 초판 인쇄
2015년 3월 7일 초판 발행

엮은곳 _ 단국대학교 동양학연구원
펴낸이 _ 장호성
기 획 _ 이재석
제 작 _ 송덕익
편 집 _ 성두현 · 박보혜
펴낸곳 _ 단국대학교출판부
등 록 _ 1968.2.27 : No. 제03-00095호
주 소 _ 경기도 용인시 수지구 죽전로 152
전 화 _ 031-8005-2405
팩 스 _ 031-8021-7154

값 15,000원

ISBN 978-89-7092-539-4 94900
978-89-7092-538-7 (세 트)

* 이 도서는 2014학년도 단국대학교 교비 지원으로 출판되었습니다.